Klett Lektürehilfen

Friedrich Schiller

Maria Stuart

Für Oberstufe
und Abitur

von Hansjürgen Popp

Klett Lerntraining

Dr. Hansjürgen Popp, langjähriger Lehrer für Deutsch und Latein an Gymnasien in Stuttgart.

Die Textzitate in der vorliegenden Lektürehilfe beziehen sich auf die Ausgabe: Friedrich Schiller, *Maria Stuart*, mit Materialien, zusammengestellt von Frauke Bohlen und Rosemarie Zölle, Stuttgart/Leipzig: Ernst Klett Verlag, 2009. ISBN 978-3-12-352450-9

Bibliografische Information der Deutschen Nationalbibliothek
Die Deutsche Nationalbibliothek verzeichnet diese Publikation in der Deutschen Nationalbibliografie; detaillierte bibliografische Daten sind im Internet über http://dnb.dnb.de abrufbar.

Dieses Werk folgt der reformierten Rechtschreibung und Zeichensetzung. Ausnahmen bilden Texte, bei denen künstlerische, philologische oder lizenzrechtliche Gründe einer Änderung entgegenstehen.

2. Auflage 2016

www.klett-lerntraining.de
Umschlagfoto: Picture-Alliance, Frankfurt/M./dpa
Satz: DOPPELPUNKT, Stuttgart
Druck: medienhaus Plump GmbH, Rheinbreitbach
Printed in Germany
ISBN 978-3-12-923078-7

Inhalt

Zur Einführung

Schillers Trauerspiel *Maria Stuart*, 1800 uraufgeführt, 1801 im Druck erschienen, war als Ausdruck klassischen Formwillens gemeint und ist immer als Muster klassisch-strenger Form angesehen worden – geachtet, wo man den Halt in verbindlichen Normen suchte, belächelt oder geschmäht, wo sich realistische Bestrebungen gegen jegliche einengende Stilisierung auflehnten. Dabei sind die Themen des Dramas wichtig und heute wie damals höchst aktuell: der Konflikt zwischen Macht und Moral, zwischen politischen Sachzwängen und ethischen Grundwerten oder die Frage, ob oder unter welchen Opfern der Mensch im politisch-gesellschaftlichen Leben seine Individualität bewahren kann.

Doch man sah – soweit der Inhalt über dem Interesse an der Form nicht ganz aus dem Blick schwand – auch in der Thematik des Stücks eine rigide Strenge. Die Forderung nach Hinwendung zur Idee des Sittlichen bei radikalem Verzicht auf alles Sinnlich-Empirische erschien als das allgemeingültige und verpflichtende Menschenbild der Klassik.

Erst in neuerer Zeit wurde entdeckt, dass der von Schiller dargestellte Weltverzicht durchaus nicht so einseitig und eindeutig ist. Man hat neu zu fragen begonnen: Empfiehlt Schiller wirklich – angesichts des Entartens der Französischen Revolution –, den Konflikt zwischen Moral und Politik durch radikalen Verzicht auf politisches Wirken-Wollen zu lösen, oder ist seine Haltung differenzierter? Und wie steht es um die „Selbstentfremdung" des Menschen in einer „arbeitsteiligen" Welt (auch die ist genauso noch unser Problem): Ist für Schiller die Lage aussichtslos, oder ist eine Wendung zum Besseren doch wenigstens denkbar? Dass Schillers Trauerspiel als Teil solcher „Entfremdung" auch die Rolle der Frau in einer patriarchalischen Welt darstellt, ist ebenfalls ein neuer und aktueller Diskussionspunkt.

Der inhaltliche Aufbau des Stücks

Erster Akt

Maria als Gefangene in Fotheringhay	**Erster Akt** ➞ Die Situation der gefangenen Maria. Vorgeschichte, frühere Verschuldungen und Reue Marias. ➞ Marias Brief an Elisabeth mit der Bitte um eine Begegnung. ➞ Mortimer, der unerwartete Freund, und sein Befreiungsplan. Maria setzt dagegen auf Leicester, den Günstling Elisabeths. ➞ Gegenüber Lord Burleigh entlarvt Maria das Verfahren gegen sie als ungerechten Schauprozess. ➞ Burleigh versucht Paulet zum Giftmord anzustiften.

I,1–4: Die Situation Marias und ihre Schuld

Durchsuchung von Marias Gefängniszimmer

Marias Situation

I,1: Sir Paulet, der Herr des Schlosses Fotheringhay (ungefähr 100 km nördlich von London) ist seit einiger Zeit mit der Bewachung der gefangen gesetzten Schottenkönigin Maria Stuart beauftragt. In der stürmisch-bewegten Eingangsszene durchsucht er Marias Zimmer nach Schriften (mit denen sie Kontakt zu möglichen Befreiern aufnehmen könnte) und Schmuck (mit dem sie die Wächter bestechen könnte). In einem Streitgespräch mit Hanna Kennedy, der „Amme“ und vertrauten Kammerfrau Marias (der einzigen verbliebenen Dienerin), enthüllt sich die Lage der vertriebenen Königin. Seit ihrer Flucht nach England wird sie gefangen gehalten, auf verschiedenen Schlössern, jetzt zuletzt in dem als besonders sicher geltenden Staatsgefängnis Fotheringhay. Aus Sicherheitsgründen sind ihr alle Kostbarkeiten und Bequemlichkeiten genommen worden. Darüber empört sich die Kammerfrau, die für ihre Herrin, „die Weicherzogne“ (V. 46), der „Freuden Fülle“ (V. 49) in Anspruch nimmt. Dagegen sieht der streng puritanische Paulet in allem Luxus, auch unabhängig von der Gefährlichkeit, nur Lasterhaftigkeit.

Darüber hinaus wird in diesem Streit ein Teil der Geschichte Marias erkennbar. Sie ist im Prunk des französischen Hofes aufgewachsen, bei den Feinden Englands, und wurde streng katholisch erzogen. Als Königin von Schottland ist sie wegen blutiger Taten (der Ermordung ihres zweiten Gatten) von ihrem Volk vertrieben worden und als Schutzsuchende nach England gekommen. Dort wurde sie jedoch sofort gefangen gesetzt. Für die englische Königin stellt Maria Stuart eine doppelte Bedrohung dar. Sie erhebt aufgrund ihrer Verwandtschaft mit Heinrich VIII. Ansprüche auf den englischen Thron, ist also unmittelbare Rivalin Elisabeths, deren Herkunft nicht ganz legitim ist. Zudem fürchten die Engländer von der katholischen Maria auch eine neue Zwangs-Rekatholisierung, wie sie Elisabeths Vorgängerin, ihre Halbschwester Maria „die Blutige", mit großer Grausamkeit begonnen hatte. Man wirft der inhaftierten Maria vor, aus dem Gefängnis heraus Kontakte zu Verschwörern unterhalten zu haben, die zu ihrer Befreiung und Einsetzung auf den englischen Thron Mordanschläge gegen Elisabeth unternommen haben. Genannt werden im Folgenden immer wieder Parry, Babington und der Herzog von Norfolk. Aufgrund dieser Verschwörungen wurde Maria vor ein englisches Gericht gestellt, dessen Urteil noch aussteht.

Marias Vorgeschichte

Ihr Konflikt mit Elisabeth

In dem Streitgespräch zwischen Paulet und Hanna Kennedy klingt schon die grundsätzliche Kontroverse über die Rechtslage an:

Die kontroverse Rechtslage

> KENNEDY. […]
> In England ist kein Richter über sie.
> PAULET. Sie wird gerichtet, wo sie frevelte.
>
> V. 61 f.

Die Amme vertritt den Standpunkt, dass Maria als souveräne Fürstin keinem ausländischen Gericht unterworfen ist. Paulet dagegen geht davon aus, dass Maria sich durch ihre Flucht freiwillig der englischen Gerichtsbarkeit unterstellt habe.

I,2: Einen scharfen Kontrast zu der gewalttätigen Turbulenz der Eingangsszene bildet das Auftreten Marias. In der Hand das Kruzifix als Zeichen des Leidens und der Bußgesinnung, erscheint sie in hoheitsvoller Würde

Marias hoheitsvolles Auftreten

und Gefasstheit: „Man kann uns niedrig / Behandeln, nicht erniedrigen“ (V. 155f.). Zugleich allerdings zwingt sie durch ihre Bitten die Feinde, ihre „Unmenschlichkeit“ unverhüllt zu zeigen, vor allem indem sie der Bußwilligen einen Priester ihrer „eigenen Kirche“ verweigern. Mit der wichtigsten Bitte aber hat Maria Erfolg: Paulet wird ihren Brief an Elisabeth, die „königliche Schwester“, dieser persönlich aushändigen (vgl. II,4). In diesem Brief bittet Maria um eine Unterredung mit Elisabeth, von der sie sich viel verspricht: „Ihr allein, der Schwester, / Der Königin, der Frau kann ich mich öffnen“ (V. 175f.; die Formulierung impliziert so etwas wie weibliche Solidarität in einer Welt von Männern). Zu der Begegnung kommt es dann in III,4 tatsächlich – allerdings mit für Maria fatalem Ergebnis.

Bitte um eine Unterredung mit Elisabeth

Keine Antwort erhält Maria auf ihre Frage, ob das Sondergericht der „vierzig Kommissarien“, das sie vor einem Monat „überfallen“ und „mit unanständiger Eile“ verhört hat, sein Urteil inzwischen gefällt hat.

I,3: Die Auseinandersetzung wird abgebrochen, als Paulet von seinem Neffen Mortimer abberufen wird. Vergeblich beklagt sich Maria bei dem persönlich integren Paulet über die demonstrative Unhöflichkeit des Neffen. Paulet sieht gerade in dieser unzugänglichen Grobheit eine Garantie gegen Intrigen Marias.

Maria und die Amme

I,4: Nach den Streitszenen bietet das Gespräch Marias mit der vertrauten Amme Raum für Reflexion. Jetzt folgen Selbstvorwürfe Marias wegen früherer schwerer Schuld. Es ist der Jahrestag der Ermordung ihres zweiten Gatten, Darnley, die zwar nicht ihre Tat war, von der sie aber wusste. Sie bekennt sich zu dieser Schuld, und sie leidet schwer darunter. Die Argumente, die die treue Dienerin zur Entlastung ihrer Herrin anführt, weist sie zurück. Als die Amme argumentiert, dass Maria zu jener Zeit ganz unter dem unheilvollen Einfluss Bothwells, ihres Geliebten, gestanden habe, gerät ihr das, was als Verteidigung gemeint ist, unversehens zur Anklage: Dass Maria das Parlament gezwungen hat, den Mörder freizusprechen, und dass sie ihn schamlos unmittelbar nach der Tat geheiratet hat – das ist „schauderhaft, empörend, / Ist einer ganz Verlornen wert“ (V. 357f.).

Marias frühere Schuld

In I,4 wird Marias schuldhaftes Verhalten in der Vergangenheit ausführlich dargestellt. Aber es bleiben doch zwei Argumente der Amme bestehen, die Maria moralisch und juristisch entlasten: „Ich bin ein Zeuge Eurer Besserung“ (V. 371). Und:

Entlastungsfaktoren zugunsten Marias

> „Was Ihr auch zu bereuen habt, in England
> Seid Ihr nicht schuldig, nicht Elisabeth,
> Nicht Englands Parlament ist Euer Richter.“
>
> V. 373 ff.

I,5–6: Mortimer – der unvermutete Freund

Die Intimität der Bekenntnisszene wird unterbrochen durch die Rückkehr Mortimers, der entsprechend seinem früheren Auftreten als Feind empfunden wird, sich dann aber durch ein Schreiben des Kardinals Guise von Lothringen, des Oheims und Erziehers Marias, als getarnter Freund ausweist. Zur weiteren Beglaubigung trägt Mortimer seine Rom-Erzählung vor. Im „dumpfen“ englischen Puritanismus aufgezogen, habe er in Rom in Kunst und Prachtentfaltung, die anschaulich sichtbare Gegenwart des Herrlichsten und Höchsten als befreiende Beglückung empfunden. Der Kardinal Guise habe ihm die Glaubenslehren des Katholizismus gedeutet, und er sei „in der Kirche Schoß“ zurückgekehrt. In Reims sei er dann durch ein Bild Maria Stuarts ergriffen und für ihr Schicksal und Märtyrertum interessiert worden. Schließlich sei er, in der Kunst der Verstellung extra geschult und mit einem sorgfältig entworfenen Plan versehen, nach England zurückgekehrt, um Maria zu befreien. Die episch breit angelegte Erzählung Mortimers dient nicht nur der Charakterisierung des leidenschaftlichen Jünglings und seiner Ideale, sondern sie verdeutlicht auch die politische Konfliktsituation, die Gefahr, die Maria – vielleicht ohne ihr Wollen – für die englische Königin darstellt, und das Ausmaß und die Rücksichtslosigkeit der Intrigen der katholischen Partei.

Mortimers Rom-Erzählung

Sein Übertritt zur katholischen Aktion

Mortimer setzt dann (ab V. 573) auseinander, wie dringlich die Befreiung Marias ist, denn ihr drohe die Hinrichtung. Maria kann und will an ein Todesurteil nicht glauben. Sie rechnet vielmehr mit ewiger Haft, fürchtet allerdings auch eine heimliche Ermordung durch Gift.

Gefährdung Marias

Pläne zu Marias Befreiung

Mortimer entwickelt nun seinen Befreiungsplan (V. 631 ff.). Doch Maria warnt ihn eindringlich, sie sei nicht durch Gewalt zu befeien, nur mit der Zustimmung Elisabeths. Der Einzige, der diese bewirken könne, sei Graf Leicester, obwohl er der Günstling Elisabeths sei und als Marias blutigster Verfolger erscheine. Mit ihm soll Mortimer Kontakt aufnehmen. Als Beglaubigung übergibt ihm Maria ein Schreiben mit ihrem Bild. Bevor noch das Rätsel der Rolle des Grafen Leicester gelöst werden kann, meldet die Amme das Eintreffen eines „Herrn vom Hofe", und Mortimer entfernt sich eilends.

I,7–8: Burleigh, der Repräsentant Elisabeths und Marias Gegenspieler

Burleigh als Verkünder des Urteils

I,7: Gegen Ende kehrt der erste Akt wieder zur Konfrontation zurück, die jetzt aber auf höherem Niveau und grundsätzlicher ausgefochten wird. Lord Burleigh, Großschatzmeister von England, der leitende Minister, will Maria „Gewissheit" ihres Schicksals bringen. Doch er kommt gar nicht zur Verkündung des Urteils, da Maria ihn schon bei den einleitenden Worten unterbricht und energisch ihre Gegenposition verficht.

Streit über die Legitimität des Gerichts

Zunächst geht es um die Legitimität des Gerichts. Maria bezweifelt dessen Unabhängigkeit. Sie hat sich diesem Gericht auch nicht unterworfen, im Gegenteil, sie bestreitet seine Kompetenz. Sie dürfte nur durch Geschworene ihres Standes (also durch Könige) gerichtet werden. Dass sie sich beim Verhör zu der Anklage geäußert hat, war ein Fehler (V. 688 ff.).

Es ist fraglich, ob „eine freie Königin des Auslands" überhaupt englischen Gesetzen untersteht. Aber Maria will sich gar nicht der Rechenschaft entziehen, sie verwirft nur diese Richter. Und als Burleigh diese verteidigt als „die ersten Männer dieses Landes, / Selbständig gnug, um wahrhaft sein zu dürfen", widerlegt sie ihn nachdrücklich durch den Hinweis auf die „schnell vertauschte Überzeugung" dieser Edlen, die sich den „Sultanslaunen" Heinrichs VIII. willenlos gefügt haben, Ehen aufgelöst und z. B. die mehrfache Änderung der rechtlichen Stellung Elisabeths akzeptiert haben und die in den letzten Jahrzehnten viermal zwischen Katholizismus und Protestantismus gewechselt haben (V. 716 ff.).

Grundsätzlicher ist ein anderer Einwand gegen dieses Gericht. Es ist zu bezweifeln, ob überhaupt ein faires Urteil eines Protestanten gegen einen Katholiken möglich ist, und vor allem: ein faires Urteil eines Engländers gegen einen Schotten. Engländer und Schotten sind alte Feinde; vergebens hat Maria davon geträumt, diese Feindschaft durch Vereinigung der beiden Völker unter einer Regierung beenden zu können (V. 789 ff.).

Streit über die Legitimität des Verfahrens

Der zweite Teil der Auseinandersetzung betrifft die Legitimität des Vorgehens. Burleigh bricht das „Wortgefecht", in dem er zu unterliegen droht, jäh ab und kommt zu seinem eigentlichen Auftrag. Maria habe das ‚Gesetz für die Sicherheit der Königin' vom vergangenen Jahr übertreten, da sie in die Verschwörung Babingtons gegen Elisabeth eingeweiht gewesen sei, und müsse daher mit der Todesstrafe rechnen. Maria bestreitet ihre Mitwisserschaft energisch und widerlegt Zug um Zug Burleighs Argumente. Die angeblichen Beweis-Dokumente sind nur Kopien. Babington ist überhastet hingerichtet worden, ohne mit ihr konfrontiert zu werden. Man weigert sich auch, die Schreiber Kurl und Nau, die die Echtheit der Kopien beschwören, ihr gegenüberzustellen. Hier ruft Maria den „Biedermann" Paulet zum Zeugen dafür auf, dass ihr ein solches Recht in England zusteht (V. 844 ff.).

Burleigh weicht aus und versucht, andere Gründe für die Verurteilung nachzuschieben, die aber alle nicht Stich halten. Maria bestreitet, „alle Könige Europens / Zum Krieg mit England aufgeregt" zu haben; selbst wenn sie das getan hätte, so wäre das kein Rechtsgrund gegen die „wider alle Völkerrechte" Gefangene, sondern eine Frage von Macht und Stärke (V. 924 ff.). Das Gerichtsverfahren wird als Schauprozess entlarvt und Elisabeth als Heuchlerin:

Entlarvung des Prozesses als Schauprozess

Macht vs. Recht

> „Sie brauche die Gewalt, sie töte mich,
> Sie bringe ihrer Sicherheit das Opfer.
> Doch sie gestehe dann, dass sie die Macht
> Allein, nicht die Gerechtigkeit geübt."
>
> V. 962 ff.

Schein und Sein

> „Ermorden lassen kann sie mich, nicht richten!
> Sie geb es auf, mit des Verbrechens Früchten
> Den heil'gen Schein der Tugend vereinen,
> Und was sie *ist*, das wage sie zu scheinen!"
>
> V. 971 ff.

I,8: Doch der Akt endet nicht mit diesem theatralisch wirksamen triumphierenden Abgang Marias. In der Schluss-Szene sieht man zum ersten Mal zwei ihrer Gegenspieler unter sich, Burleigh und Paulet. Die Szene entlarvt Burleigh. Erstens muss er Paulets Tadel hinnehmen, Maria die Gegenüberstellung mit ihren Anklägern verweigert zu haben. Seine Antwort „Das war nicht zu wagen" heißt zwar nicht unbedingt, dass die Zeugenaussagen falsch sind, sondern vielleicht nur, dass Marias Ausstrahlung die Zeugen beeinflussen würde; doch es scheint hier etwas nicht zu stimmen.

Unkorrektheit des Prozesses

Zweitens und vor allem aber erlebt man, wie Burleigh – vorsichtig und diskret – versucht, Paulet dazu zu überreden bzw. ihn überhaupt erst auf den Gedanken zu bringen, Maria zu vergiften. Das sei durchaus im Sinne Elisabeths, die sich in ihrem „Zweifelmut" nur schwer entschließen könne, auf „der Gnade königliches Recht" zu verzichten und das Todesurteil zu unterzeichnen; doch leben bleiben dürfe Maria auf keinen Fall. Der redliche Paulet weist die an ihn gestellte Zumutung empört zurück, und er wird Maria, obgleich sie ihm verhasst ist, auch vor jedem anderen Mordversuch schützen:

Mordauftrag

„Und seid gewiss, ich werde sie bewahren,
Dass sie nichts Böses tun soll, noch erfahren!"
V. 1075 f.

Zweiter Akt

Zweiter Akt	Elisabeth als Regentin im Palast von Westminster
➟ Elisabeth umworben im Zentrum der Macht. ➟ Kontroverse im Staatsrat über das Schicksal Marias: - Burleigh (Hinrichtung als politische Notwendigkeit), - Talbot (striktes Einhalten des Rechts), - Leicester (Schwanken), - Elisabeth (unentschiedenes Taktieren). ➟ Marias Bitte um eine Begegnung mit Elisabeth; Elisabeth gibt sich gerührt. ➟ Mortimer verspricht Elisabeth, Maria zu beseitigen; tatsächlich aber schwärmt er für Maria. ➟ Konfrontation der beiden potenziellen Helfer Marias: - Mortimer drängt auf gewaltsame Befreiung. - Leicester hofft auf eine rettende Begegnung der Königinnen. ➟ Elisabeth sagt Leicester eine Begegnung mit Maria zu; sie hofft auf eine vernichtende Demütigung der Gegnerin.	

In Westminster, am Hof Elisabeths

Kontrastierung von Maria- und Elisabeth-Akt

Der erste Akt gehörte Maria, den zweiten beherrscht Elisabeth, ihre mächtige Feindin; der erste Akt spielte in Fotheringhay, dem Kerker Marias, der zweite spielt im Zentrum der Macht, im Palast von Westminster, dem Sitz der englischen Regierung. Mit Marias Verlassenheit wird das Umworbensein Elisabeths kontrastiert.

II,1–2: Die französische Werbung

II,1: Im Geplauder zweier englischer Großer wird von der Werbung eines Mitglieds des französischen Königshauses um die Hand Elisabeths berichtet. Aus Anlass dieser Werbung ist ein romantisierend-mittelalterliches Turnier veranstaltet worden, in dem die werbenden Franzosen „die keusche Festung / Der Schönheit“ berannt haben – allerdings vergeblich.

Auftreten Elisabeths

II,2: Die französische Werbung ist auch das Thema der Szene, in der – begleitet u.a. von Leicester und französischen Gesandten – Elisabeth zum ersten Mal die Bühne betritt. Der erste Eindruck, den man von ihr gewinnt, ist der von Eitelkeit und unentschlossen-taktierendem

Ihre Abneigung gegen die Rolle der Ehefrau

Hinhalten. Indem sie die Schönheit und Eleganz des französischen Hofes rühmt, preist sie in Wahrheit ihre eigene Volksverbundenheit und Beliebtheit. Die Hochzeit mit „einem königlichen Sohne Frankreichs" scheint schon beschlossen (vgl. II,1,1102 ff. und II,3,1245 ff.), und dennoch tut Elisabeth so, als sei noch alles völlig im Ungewissen. Dass ihr die Ehe überhaupt unsympathisch ist und sie nur von ihrem Volk dazu gedrängt wird, wirkt überzeugend. Der Grund für die Ablehnung ist wohl ihr Bedürfnis nach Unabhängigkeit und Macht (V. 1207 ff.). Sehr strikt ablehnend und entschlossen reagiert Elisabeth, als die Franzosen mit der Werbung die Begnadigung Marias zu verbinden versuchen.

II,3: Die Staatsrats-Szene

Nach der Audienz bleibt Elisabeth mit ihren wichtigsten Ministern Leicester, Burleigh und Talbot zu einer Staatsrats-Sitzung zurück.

Burleighs Staatsräson

Burleigh knüpft an die letzte Szene an. Nachdem Elisabeth sich zur Ehe entschlossen habe und dadurch die Besorgnis wegen einer „stürmevollen Zukunft" ohne Nachfolger beschwichtigt sei, bleibe nur noch eine allgemein gefürchtete Gefahr: Maria Stuart. Und dann referiert er aus der Sicht des englischen Politikers, was man ähnlich, aber aus entgegengesetzter Perspektive in Mortimers Rom-Erzählung (I,6) erfahren hat. Die Brüder Guise unterstützen von Lothringen aus immer wieder die katholische Fronde in England, kämpfen für den Thronanspruch Marias und senden Mörder gegen Elisabeth aus. Außerdem verfällt die englische Jugend allzu leicht dem verhängnisvollen Zauber Marias. Aus all diesen Gründen ist Maria eine tödliche Bedrohung für Elisabeth: „Ihr Leben ist dein Tod! Ihr Tod dein Leben!" (V. 1294)

Shrewsburys Rechtsbewusstsein und Humanität

Talbot, der greise Graf von Shrewsbury, setzt gegen Burleighs Staatsräson, die den Tod Marias fordert, ein Rechtsbewusstsein, das für Begnadigung spricht. Seine Stellungnahme demonstriert, wieweit ein englischer Politiker die Argumente Marias aus I,7 akzeptieren kann bzw. muss. Die Hinrichtung wäre „ein ungerechtes Mittel", denn die Stuart sei Elisabeth nicht untertänig. Das Urteil des Parlaments sei kein objektives Kriterium, und das Drängen des Volkes sei kein Zwang, wenn Elisabeth ihm nur ihren entschiedenen Willen entgegensetze. Da man Maria keinen Anwalt gönne, wolle er, Talbot, ihre Sache vertreten, wenn auch natürlich nicht ihre Schuld vertuschen, die sie als schottische Königin auf sich geladen hat. Elisabeth habe es durch die harte Schule ihrer schweren Jugend in gewisser Weise leichter gehabt, zu Verantwortung und Pflicht zu finden, als die durch Luxus und strahlende Schönheit verwöhnte oder auch: verdorbene Maria. Elisabeth unterbricht Talbot bezeichnenderweise, als er auf die Schönheit Marias hinweist. Das Lob der Rivalin scheint sie nicht zu ertragen.

Leicesters Hinhaltetaktik

Als Letztem erteilt die Königin Leicester, ihrem engsten Vertrauten und Geliebten, das Wort. Der Graf, der früher Marias Verlobter war, wie man später erfährt, muss taktieren. Und er tut das, indem er Maria und ihre Lage heruntersetzt. Diese „länderlose Königin" sei völlig ungefährlich; nie werde das englische Volk von Elisabeth, „der angebeteten Monarchin, / Zu Darnleys Mörderin hinüberlaufen" (V. 1426 f.). Und als Burleigh, der Gegner und politische Rivale Leicesters, nachbohrt: „Lord Leicester hat nicht immer so geurteilt" (V. 1437), rettet er sich in die Unterscheidung zwischen Recht und politischer Klugheit. Man solle das gerechte Urteil in Kraft lassen, aber nur dann vollstrecken, wenn eine neue Verschwörung zugunsten Marias die Unausweichlichkeit ihrer Hinrichtung aller Welt demonstriere.

Elisabeths unentschiedenes Taktieren

Elisabeth beendet die Staatsrats-Sitzung, ohne einen Beschluss gefasst zu haben. Das für sie typische unentschieden-taktierende Hinhalten kleidet sich hier in Frömmigkeit (sie erhofft Erleuchtung von „Gottes Beistand").

II,4–7: Mortimer vor der Königin

Einführung Mortimers bei Hof

II,4: Noch bevor die Räte abgetreten sind, kommt Paulet, um seinen Neffen Mortimer von der Bildungsreise zurückzumelden und bei Hof einzuführen und um der Königin das Schreiben Marias auszuhändigen (vgl. I,2). Anlässlich der Fragen, die Elisabeth an Mortimer über die Zustände auf dem Festland richtet, flackern die Gegensätze zwischen Burleigh und Leicester wieder auf. Als Burleigh erfährt, dass Maria in dem Brief um ein Treffen mit Elisabeth bittet, weist er diesen Gedanken leiden-

Streit um ein Treffen der Königinnen

schaflich zurück, weil eine solche Begegnung die Begnadigung Marias bedeuten müsste: „Denn Gnade bringt die königliche Nähe“ (V. 1527). Eben für Begnadigung aber setzt sich Talbot noch einmal ausdrücklich ein, während Leicester die Begegnung vorsichtig taktierend als möglich darstellt, die Entscheidung aber der Weisheit der Königin überlässt.

Elisabeths scheinbare Rührung

Elisabeth ist gerührt, als die Marias Brief liest, sie muss ihre Tränen trocknen; wenigstens scheint sie gerührt. In der nächsten Szene allerdings erlebt man sie anders.

Elisabeths Mordauftrag an Mortimer

II,5: Nachdem Elisabeth die Räte entlassen und nur Mortimer zurückbehalten hat, klagt sie diesem ihre Probleme mit der Hinrichtung Marias. Die Befragung des Staatsrats erweist sich im Nachhinein als Farce. Elisabeth hat bereits entschieden. Sie will den Tod Marias, möchte aber den Schein retten, möchte also die Hinrichtung nicht anordnen. Mortimer begreift schnell, worauf die Königin hinauswill (sehr viel schneller, als Paulet in I,8 Burleigh versteht). Er sagt der Königin zu, Maria zu beseitigen. Er lässt sich zum Schein auf das Ansinnen der Königin ein, weil er so größere Vollmachten erhält. Außerdem gewinnt er Zeit, denn die Königin wird nichts gegen Maria unternehmen, solange sie auf Mortimer hofft. Er verschafft sich durch die scheinbare Zustimmung also mehr Handlungsspielraum.

Mortimers Rechenschafts-Monolog

II,6: Allein geblieben, verantwortet sich Mortimer in einem Monolog vor sich selbst wegen dieses Betruges:

> „Geh, falsche, gleisnerische Königin!
> Wie du die Welt, so täusch ich dich. Recht ist's,
> Dich zu verraten, eine gute Tat!“
>
> V. 1632 ff.

Sein Schwärmen für Maria

Alle Belohnungen, die Elisabeth zu vergeben hätte, und sei es selbst ihre Liebe, bedeuten Mortimer nichts; er schwärmt einzig und leidenschaflich für Maria:

> „Bei ihr nur ist des Lebens Reiz –
> Um sie, in ew'gem Freudenchore, schweben
> Der Anmut Götter und der Jugendlust,
> Das Glück der Himmel ist an ihrer Brust, […].“
>
> V. 1647 ff.

Sobald Mortimer an Maria denkt, wird er lyrisch: Er beginnt in Reimen zu sprechen (vgl. V. 1645–1656). Ärgerlich ist es Mortimer, dass er sich zur Rettung Marias auf deren Geheiß mit Leicester absprechen muss:

Seine Abneigung gegen Leicester

> „Ich habe zu dem Höflinge kein Herz,
> Ich selber kann sie retten, ich allein,
> Gefahr und Ruhm und auch der Preis sei mein!"
>
> V. 1659 ff.

II,7: Paulet kehrt besorgt zurück, um den Neffen zu warnen, sich nicht durch Ehrgeiz verführen zu lassen. Elisabeth werde ihn fallenlassen und sogar bestrafen, um ihren eigenen Namen reinzuwaschen. Was die Königin von Mortimer gewünscht hat, kann er sich nach Burleighs Antrag in I,8 ja leicht denken. Und dass Leicester den Befehl der Königin übermittelt, Mortimer die Person der Lady Stuart uneingeschränkt zu vertrauen, bestätigt ihm seine Vermutung. Er will auf der Hut sein.

Paulet warnt den Neffen

II,8: Die erste Begegnung zwischen Mortimer und Leicester

Als Leicester zu dem allein zurückgebliebenen Mortimer tritt, kommt es sehr rasch zu einer Konfrontation der beiden nach Stellung und Charakter so ungleichen Freunde Marias. Sie misstrauen einander, weil sie beide „zweierlei Gesichter" zeigen. Wer soll sich zuerst zu erkennen geben? Nachdem Leicester eingestanden hat, dass er, der „vielbedeutende Lord", in allem, was seine Beziehung zu Maria angeht, äußerst schwach und gefährdet ist, macht Mortimer in seiner entschlossenen Art den Anfang und übergibt Marias Schreiben mit ihrem Bild.

Mortimer und Leicester: gegenseitiges Misstrauen

Leicesters Reaktion ist zwiespältig: Er küsst Marias Bild „und betrachtet es mit stummem Entzücken"; aber zugleich schrickt er auch zusammen. Erst als Mortimer seinen Glaubenswechsel eingesteht, entschließt sich Leicester seinerseits, sein Verhältnis zu Maria zu erklären. Sie war einst (als sie noch Königin von Schottland war, vor ihrer Heirat mit Darnley) ihm, Leicester, „zugedacht". Aber damals hat er „dieses Glück" von sich gestoßen; damals hat er Schönheit und Charme verschmäht zugunsten seines Ehrgeizes. Er hoffte, die Königin von

Leicesters Liebes- und Lebensgeschichte

England zu heiraten. Elisabeth aber hat ihn „zehen bittre Jahre“ hingehalten und mit ihm gespielt und ihn gepeinigt, und jetzt soll der französische Freier ihn um die „Frucht des teuren Werbens“ bringen. In dieser Lage hat er sich an Maria, das verlorene „Kleinod“, erinnert. Er hat Kontakt zu der Gefangenen aufgenommen, die ihm verziehen hat und ihn heiraten will, wenn er sie rettet.

Mortimers Befreiungsplan

Auf dieses Geständnis Leicesters hin eröffnet Mortimer seinen Entschluss, zusammen mit einigen Gefährten Maria gewaltsam zu befreien. Diese Nachricht erfreut Leicester keineswegs, sondern erschreckt ihn vielmehr aufs Äußerste. Das Wichtigste ist ihm in diesem Augenblick die Versicherung, dass in Zusammenhang mit der Verschwörung sein Name nicht genannt wird.

Daraufhin kommt es zu einer scharfen Konfrontation der Positionen, zu einem Schlagabtausch in Form einer Stichomythie (d.h. Ein-Vers-Äußerungen der Partner werden gegeneinandergesetzt; vgl. V. 1868 ff.). Der schwärmerische Jüngling erscheint dem vorsichtigen Höfling zu tollkühn und leichtsinnig, dieser dagegen Mortimer zu vorsichtig und feig.

Mortimer kann schließlich seine These, dass die Rettung Marias dringend sei, beweisen, indem er Elisabeths Mordauftrag erwähnt. Leicester jedoch taktiert auch jetzt wieder anders. Da Mortimer den Mordauftrag zum Schein angenommen hat, ist einstweilen Zeit gewonnen. In dieser Zeit will Leicester daran arbeiten, dass es zu der von Maria gewünschten Begegnung der Königinnen kommt, die in der Tat, wie Burleigh behauptet hat, zur Begnadigung Marias führen muss. Mortimer allerdings hält dagegen, dass damit nichts gewonnen wäre als allenfalls eine lebenslange Einkerkerung Marias. Er fordert Leicester zum Handeln auf, notfalls sogar zum Staatsstreich. Am Ende bleiben die Positionen unvereinbar: Leicester wird nichts riskieren, und Mortimer weist es angeekelt zurück, von Leicester zum Boten von leeren Liebesschwüren degradiert zu werden. Er geht.

Leicesters Plan für eine Begegnung zwischen Maria und Elisabeth

Es werden also unabhängig voneinander zwei Pläne zur Rettung Marias verfolgt werden: Leicesters Plan einer Begegnung und Mortimers Versuch einer gewaltsamen Befreiung.

II,9: Der Begegnungsplan

Leicester muss sich rasch fassen, als er nach diesen Gedanken an Maria von Elisabeth überrascht wird. Es gelingt ihm, seine Betretenheit in ein Kompliment für Elisabeths Schönheit und eine Klage über ihren Verlust zu verwandeln. Das Gespräch bekommt so von Anfang an das Thema der Schönheit Elisabeths.

Elisabeth und Leicester: wechselseitiges Intrigieren

Elisabeth beginnt, wie auch früher schon, mit einer Selbststilisierung. Sie stelle die Pflicht über die Neigung, deshalb müsse sie Leicester wehtun. Und sie kontrastiert dieses Pflichtbewusstsein mit dem Leichtsinn der Maria, die immer ihren Neigungen nachgegeben habe und damit doch immer alle Männer gewonnen habe. Als Elisabeth dann fortfährt mit der Frage, ob Maria denn wirklicht so schön sei, beginnt man zu ahnen, dass sie zu der von Maria erbetenen Begegnung animiert werden will. Und Leicester, der ja seit II,8 eben diese Begegnung anstrebt, greift das natürlich sofort auf. Er schmeichelt Elisabeth mit der Versicherung, sie werde Maria überstrahlen, die Gegenüberstellung werde für Maria eine vernichtende Demütigung sein. So wird der Begegnungsplan für Elisabeth akzeptabel, ist aber von vornherein mit einem Risiko behaftet: Wehe, wenn Elisabeth in dieser Schönheitskonkurrenz nicht gewinnt! Was von Maria als ein Akt der Großmut erbeten war, will Elisabeth zur Demütigung der Rivalin und Befriedigung ihrer Eitelkeit nutzen.

Elisabeth will die Begegnung

Umfunktionierung der Begegnung zur Schönheitskonkurrenz

Noch heute, bei der geplanten Jagd, soll die Begegnung wie zufällig zustande kommen, schlägt Leicester vor. Der Plan ist gebilligt; die Verantwortung schiebt Elisabeth in ihrem Schlusswort vorsorglich Leicester zu.

Dritter Akt

Treffen der Königinnen im Park von Fotheringhay	**Dritter Akt** → Maria, vorübergehend in die Freiheit des Parks entlassen, versteigt sich zu Glücksträumen. → Das Treffen der Königinnen: - Einleitung mit der Selbstinszenierung Elisabeths, - Politische Auseinandersetzung, an deren Ende Maria ihren Verzicht auf den englischen Thron erklärt. - Persönlicher Streit, in dem Maria Siegerin ist. → Ekstatische Begeisterung Marias über ihren Triumph, die Rivalin vor Leicesters Augen erniedrigt zu haben. → Mortimer, von Marias Triumph hingerissen, erklärt sie zu seiner Geliebten, die er auch besitzen will. Maria weicht vor diesem gewalttätigen Retter zurück. → Ein fehlgeschlagener Mordanschlag auf Elisabeth macht Marias Lage aussichtslos.

III,1–5: Die Begegnung der Königinnen im Park zu Fotheringhay

Die Parkszene

III,1: Der III. Akt spielt wieder in Fotheringhay. Jedoch hat sich für Maria der Kerker „um ein klein weniges erweitert“: Sie darf mit ihrer Amme im Park spazieren gehen und „eilet“ durch die neue Freiheit, „als wenn sie Flügel hätte“, so dass ihr die Amme kaum folgen kann. In einem lyrischen Aufschwung, der ihre Sehnsucht nach Luft, Freiheit und Lebenslust ausdrückt, begrüßt Maria die Freiheit, die man ihr gewährt:

> „Lass mich der neuen Freiheit genießen,
> […].
> Lass mich in vollen, in durstigen Zügen
> Trinken die freie, die himmlische Luft.“
>
> V. 2075 ff.

Maria hat, über die Szene verteilt, vier lyrische Reimstrophen ungleicher Länge, deren daktylischer Grundrhythmus dem fröhlichen Jubel der Sängerin entspricht. Damit kontrastieren die prosaischeren Blankverse der Amme, die der scheinbaren Großzügigkeit mit misstrauischer Vorsicht gegenübersteht. Der Skepsis der Amme antwortet Maria zunächst in Jamben (V. 2087 ff.), die

durch ihre Reimbindung ein wenig lyrische Begeisterung festhalten und auch inhaltlich den schönen Traum gegen die möglicherweise brutale Realität verteidigen: „Ich will mich frei und glücklich träumen, / Warum aus meinem süßen Wahn mich wecken?" (V. 2089 f.)
Eher als „süßer Wahn" denn als bestimmte Hoffnung erscheint die Freiheit allerdings, wenn Maria die Wolken als Symbol uneingeschränkt freier Bewegung anruft. Dennoch hegt sie die konkrete Hoffnung (die sie V. 2119 ff. in reimlosen, also rational argumentierenden Jamben formuliert), dass man ihr „Gefängnis weiten" und ihr schließlich die Freiheit wiedergeben wolle. Sie hält diese Wendung zum Guten für das Werk Leicesters.

Marias Hoffnung auf Leicester

II,2–3: Maria stürzt jedoch aus ihren Hoffnungen und Träumen, als sie von Paulet und dann auch von Shrewsbury erfährt, dass ihr in Wirklichkeit die von ihr erbetene Begegnung mit Elisabeth bevorsteht, und zwar in dieser Stunde. Dieser Begegnung fühlt sie sich psychisch nicht gewachsen. Nicht, wie Paulet vermutet, weil es sie ängstigt, vor ihrem Richter zu erscheinen, sondern weil sie – gerade jetzt, nach dem trügerischen Glück der scheinbaren Befreiung – das ihr angetane Unrecht der Einkerkerung besonders bitter empfindet, wie sie dem verständnisvollen Shrewsbury erklärt:

Zurückschaudern vor der Begegnung

> „Nichts lebt in mir in diesem Augenblick,
> Als meiner Leiden brennendes Gefühl."
> V. 2182 f.

> „Daraus kann nimmer, nimmer Gutes kommen!"
> V. 2201

Das Treffen steht unter keinen günstigen Vorzeichen.

III,4: Die große Begegnung von Maria und Elisabeth (mit Leicester, Shrewsbury und Gefolge als Zuschauern) lässt sich in drei Phasen gliedern:

Die Begegnung der Königinnen

1. die Einleitung mit der theaterhaften Farce Elisabeths und der Selbstdemütigung Marias und ihrem Kniefall, V. 2225 ff.;
2. den vorwiegend politischen Teil der Auseinandersetzung, V. 2279 ff.;
3. den stark persönlichen Streit, V. 2403 ff.

Es ist jedesmal Elisabeth, die das neue Thema angibt, indem sie zunächst „eine Tiefgebeugte" vor sich zu sehen wünscht, dann zur Sache ruft („Was habt Ihr mir zu sagen, Lady Stuart?") und schließlich zu ganz persönlichen Beleidigungen übergeht, indem sie ihrer Gegnerin die Reize einer Dirne attestiert.

Elisabeths Selbstinszenierung

Die zu ihren Höflingen gesprochenen Eingangsworte Elisabeths zielen darauf ab, sich vor Maria in Szene zu setzen, die Gegnerin von vornherein zu demütigen:

> „Mein gutes Volk liebt mich zu sehr. Unmäßig,
> Abgöttisch sind die Zeichen seiner Freude,
> [...]."
>
> V. 2229 ff.

Das ist höhnisch gegen die Verjagte und Verlassene gerichtet, es zeigt aber auch wieder die Eitelkeit und Scheinheiligkeit Elisabeths. Sie hält weiter an der Fiktion fest, die Begegnung sei durch ein Versehen zustande gekommen, für das sie Leicester die Schuld gibt (V. 2235). Maria erkennt zusammenschaudernd die Unbarmherzigkeit Elisabeths: „O Gott, aus diesen Zügen spricht kein Herz!" Trotzdem bringt sie es über sich, ihrer Gegnerin mit vertrauensvollen Bitten zu nahen. Damit verstellt sie sich nicht, sondern zwingt sich zu äußerster Selbstverleugnung. Demütig unterwirft sie sich und fällt vor derjenigen auf die Knie, die sie „in diese Schmach herunterstieß". Doch soll nun auch die vom Glück Erhöhte edelmütig sein und die so tief Gefallene aufheben. Maria verbindet ihre Bitten mit der Warnung vor Hybris, vor Selbstüberhebung im Glück:

Marias Selbstdemütigung

> „Denkt an den Wechsel alles Menschlichen!
> Es leben Götter, die den Hochmut rächen!"
>
> V. 2261 f.

Mit ans Herz rührenden Worten versucht Maria die unzugängliche Härte Elisabeths aufzubrechen, doch die weist sie kalt zurück: „Ihr seid an Eurem Platz, Lady Maria!" (V. 2257) und: „[...] Ihr wisst, / Dass Ihr mich habt ermorden lassen wollen" (V. 2286 f.). Nicht zu überhören ist allerdings, dass Maria ihre Demut immer wieder durch den versteckten, vielleicht sogar unbewussten Anspruch auf Gleichberechtigung unterläuft. So z. B., wenn sie von dem „Blut der Tudor" spricht, „das in meinen Adern / Wie in den Euren fließt".

Elisabeth ruft zur Sache, indem sie – sehr hochmütig – Maria auffordert, ihr konkretes Anliegen vorzutragen (V. 2279 ff.). Diese versucht, die Voraussetzung für eine Versöhnung zu schaffen, indem sie die Schuldfrage ausklammert, ohne dabei allerdings zu verheimlichen, dass nach ihrer Auffassung Elisabeth mehr schuldig ist als sie, V. 2295. Ein dämonisches Schicksal (ein böser Geist aus dem Abgrund) habe den Hass zwischen ihnen entzündet; doch jetzt, in der persönlichen Begegnung, könne man alles Trennende ausräumen (V. 2288 ff.)

Die politische Auseinandersetzung: Marias Bitte um Versöhnung

Daraufhin formuliert Elisabeth in drei Reden (V. 2328 ff., V. 2349 ff. und V. 2369 ff.), welche unüberwindlichen Hindernisse zwischen ihnen stehen: Marias eigenes Verhalten, mehr noch die Intrigen und die Ansprüche ihrer französisch-lothringischen Verwandten, vor allem aber die Machenschaften der ganzen katholischen Gruppierung, die vor keinem Verbrechen zurückschrecke, wie z. B. die Bartholomäusnacht zeige. Elisabeths Argumente sind in politischer Hinsicht durchaus stichhaltig. Die englische Königin kämpft um ihr Überleben und hat allen Grund, in jeder Beziehung vorsichtig und misstrauisch zu sein. Schiller hat jedoch schon vor dieser Begegnungsszene die Gestalt der Maria stark aufgewertet und die der Elisabeth ebenso sehr abgewertet, und auch in dieser Szene selbst hat Maria durch ihre Demut und Aufrichtigkeit den Zuschauer gewonnen. Elisabeth aber verscherzt durch die boshaft-hochmütigen Sticheleien, die sie immer wieder zwischen die sachlichen Argumente einschiebt, alle Sympathien. Die Folge dieser Charakterzeichnung ist, dass der Zuschauer die objektiv gewichtigen Argumente Elisabeths nicht mehr als gewichtig wahrnimmt, sondern sich gefühlsmäßig auf die Seite Marias stellt.

Elisabeths Einwände gegen Verständigung: Bedrohung Englands

In der dritten dieser Stellungnahmen (V. 2369 ff.), in der Elisabeth ihrer Rivalin vorhält, ihr Volk gegen sie zu verführen, geht sie von der sachlichen, politisch-juristischen Auseinandersetzung zum persönlichen Angriff über, wenn sie von Marias „Buhlernetz" spricht, in das diese wie eine böse Zauberin die edle Jugend Englands zu verwickeln trachte. Doch Maria beachtet diese persönliche Beleidigung nicht, sondern erklärt ihre völlige Unterwerfung: „Regiert in Frieden! / Jedwedem Anspruch auf dies Reich entsag ich." (V. 2378 f.)

Marias Verzicht auf den englischen Thron

Allerdings erwartet sie nun auch von Elisabeth Versöhnung und warnt sie noch einmal eindringlich vor Selbstüberhebung, Grausamkeit und Hybris. Wenn Elisabeth die Begnadigung jetzt nicht ausspricht, dann –

> „Nicht um dies ganze reiche Eiland, nicht
> Um alle Länder, die das Meer umfasst,
> Möcht' ich vor Euch so stehn, wie Ihr vor mir!"
>
> V. 2400 ff.

Der persönliche Streit

Elisabeth hat an dieser Stelle die politische Auseinandersetzung eigentlich gewonnen. Sie brauchte sich den vor Zeugen ausgesprochenen Thronverzicht sozusagen nur noch schriftlich geben zu lassen. Doch da sie ja in Wirklichkeit gekommen ist, um (vor Leicesters Augen!) die verhasste Rivalin durch Glanz der Persönlichkeit und Schönheit zu besiegen (s. o. zu II,9), kann und will sie es dabei nicht bewenden lassen (V. 2403 ff. und 2413 ff.). Sie ignoriert Marias eindringliche Mahnung zur Menschlichkeit, triumphiert mit „stolzer Verachtung" und spricht höhnisch über die Gebrochene:

Elisabeths höhnisches Triumphieren

> „Bekennt Ihr endlich Euch für überwunden?
> Ist's aus mit Euren Ränken? [...]
> – Ja, es ist aus, Lady Maria."
>
> V. 2403 ff.

Sie verdeutlicht die Ohnmacht Marias, indem sie dieser noch einmal ihre angeblichen Machenschaften vorhält, wobei sie immer mehr zu persönlicher Diffamierung übergeht: Jetzt kann Maria keinen Mörder mehr aussenden, kann niemand mehr verführen, und niemand will ihr vierter Mann werden. Und nun setzt sie, das politische Thema völlig verlassend, Marias Schönheit herab – indirekt, wie es ihre Art ist, und bezeichnenderweise zu Leicester gewandt, denn gerade vor diesem früheren Bewerber will sie Maria demütigen. Das gipfelt in dem infamen Wort: „Es kostet nichts, die *allgemeine* Schönheit / Zu sein, als die *gemeine* sein für alle!" (V. 2417 f.)

Ihre Diffamierung Marias

Dieses unwürdige Reden Elisabeths ruft einen Ausbruch Marias hervor (V. 2419 ff.), ein Aufbäumen, das in einem völligen Umbruch der Szene von äußerster Selbstdemütigung Marias zu ihrem teilweisen Triumph führt. Maria ist bereit, sich von ihrer Würde viel zu vergeben, aber nicht, sich von außen und im persönlichen Bereich

Marias Aufbegehren

maßlos demütigen zu lassen. Nun holt sie sich Freiheit und Würde zurück, aber um den Preis der Mäßigung; diesen Doppelaspekt spiegelt die Bühnenanweisung V. 2421: „von Zorn glühend, doch mit einer edeln Würde". In einer großen dreiteiligen Rede, unterbrochen durch Schreckensrufe Shrewsburys und Leicesters (während Elisabeth „für Zorn sprachlos" bleibt und „wütende Blicke auf Marien" schießt) bekennt sich Maria zu ihren jugendlichen Verfehlungen (sie verschmäht „falschen Schein" und kann sagen: „ich bin besser als mein Ruf"). Sie konfrontiert mit dieser ihrer Offenheit die Verlogenheit und erheuchelte Ehrbarkeit von Elisabeths Tun. Und sie nimmt nun (nachdem Elisabeth so versagt hat) auch den Thronverzicht zurück: Marias Rede gipfelt in der tödlichen Beleidigung „Bastard" und dem wieder aufgenommenen Anspruch, sie allein sei die rechtmäßige Königin:

Ihre tödliche Kränkung Elisabeths

> „Der Thron von England ist durch einen Bastard
> Entweiht, […]
> – Regierte Recht, so läget *Ihr* vor mir
> Im Staube jetzt, denn *ich* bin Euer König."
>
> V. 2447 ff.

III,5: Nachdem Elisabeth „schnell" abgegangen ist und die Lords ihr „in der höchsten Bestürzung" gefolgt sind, steigert sich Marias Bewusstsein des Sieges zu einem entfesselten, ekstatischen Triumphgefühl, das auch die Außenwirkungen des Sieges mitgenießt („Vor Leicesters Augen hab ich sie erniedrigt!", V. 2464). Die über den Dingen stehende Maria, die in ihrer Auftrittsszene I,2 sagen konnte: „Man kann uns niedrig / Behandeln, nicht erniedrigen", ist hier wieder ganz dem Leben mit allen seinen Leidenschaften verfallen. Die Folgen dieses Rückfalls demonstriert die Mortimer-Szene III,6: Wenn Maria ins Allzu-Menschliche absinkt, wird sie auch allzumenschlichem Begehren zugänglich.

Marias ekstatisches Siegesbewusstsein

III,6: Mortimers gewalttätige Liebeserklärung

Mortimer, der die Begegnung der Königinnen heimlich beobachtet hat, sieht darin einen vollständigen, überwältigenden Sieg Marias:

Mortimers Begeisterung für Marias Maßlosigkeit

> „Du hast gesiegt! Du tratst sie in den Staub,
> *Du* warst die Königin, *sie* der Verbrecher.
> Ich bin entzückt von deinem Mut, ich bete
> Dich an; wie eine Göttin groß und herrlich
> Erscheinst du mir in diesem Augenblick."
>
> V. 2469 ff.

Er ist kaum noch bereit, von seiner Begegnung mit Leicester zu berichten: „Der Feige liebt das Leben" (V. 2487), man muss ihn vergessen. Er, Mortimer, ist es, der Maria befreien wird. Er enthüllt ihr seinen Anschlag, der für die kommende Nacht geplant ist. Gewaltsam werden er und seine Gefährten das Schloss in Besitz nehmen und alle Bewacher Marias töten; ja, Mortimer wird selbst seinen Oheim Paulet ermorden.

Sein Plan einer gewaltsamen Befreiung

Entsetzt schreckt Maria vor diesem Verbrechen zurück. Mortimer jedoch gerät immer mehr außer sich. Von Anfang an beherrscht ihn „eine heftige, leidenschaftliche Stimmung" (Bühnenanweisung vor V. 2469). Die Veränderung spiegelt sich auch in der Versgestaltung: Zunächst spricht er noch in gewöhnlichen Blankversen, dann dringt der Reim in die Schlussverse seiner Äußerungen ein (V. 2477 f., 2488 f.), und ab V. 2545 gestaltet die Reimbindung immer hörbarer den Überschwang seiner Leidenschaft. Zweimal gerät auch Maria in der Leidenschaft ihrer Abwehr in die Reimbindung, in V. 2549–2553 und 2594–2597. Ohne Scheu erklärt jetzt Mortimer Maria zu seiner „Heißgeliebten", die die Seine werden soll: „Ich rette dich, ich will es, doch so wahr / Gott lebt! Ich schwör's, ich will dich auch besitzen." (V. 2547 f.)

Seine wahnsinnige Leidenschaft

Seine Liebeserklärung

Die Königswürde habe Maria verloren, dem Tod sei sie verfallen, nichts sei ihr geblieben „als die rührende Gestalt" (V. 2571) – was also soll Mortimer hindern, sie zu begehren? „Er presst sie heftig an sich" (Bühnenanweisung nach V. 2580); und er scheut sich nicht, sie an ihre Liebesverhältnisse mit Rizzio und Bothwell zu erinnern, als Beleg dafür, dass sie verführbar sei. Durch diese Anspielung demütigt er sie eigentlich genauso wie vorher Elisabeth. Ja, er droht ihr sogar mit Gewalt. Maria schaudert entsetzt vor diesem wahnsinnigen, gewalttätigen ‚Retter' zurück, sucht Hilfe gegen ihn. Da wird die Szene jäh unterbrochen, Maria kann sich von Mortimer befreien (sie flieht ins Haus); aber es ist eine Rettung, die ihr Schicksal endgültig besiegelt.

III,7–8: Das Attentat auf Elisabeth

Durch die Schreckensrufe des über die Szene stürzenden Paulet, dann durch ein hastiges Gespräch Mortimers mit seinem Mitverschworenen Okelly erfährt man, was geschehen ist: Einer von Mortimers Gefährten hat einen Mordanschlag auf die von Fotheringhay heimkehrende Königin verübt. Der Streich ging fehl, und Shrewsbury hat den Täter entwaffnet. Man wird mit Sicherheit Maria für diesen neuen Anschlag verantwortlich machen, und sie ist nun verloren. Trotzdem will Mortimer noch nicht aufgeben: „*Ich* bleibe. Noch versuch ich's, sie zu retten, / Wo nicht, auf ihrem Sarge mir zu betten." (V. 2639 f.)

Vierter Akt

Vierter Akt

- Burleigh drängt auf die Unterschrift der Königin unter den Hinrichtungsbefehl.
- Konfrontation Burleigh / Leicester. Leicester erkennt, dass er wegen des Kontakts zu Maria in Gefahr ist.
- Mortimer will Leicester zur rettenden Tat veranlassen, wird aber von ihm verraten und ersticht sich.
- Leicester rettet sich durch die dreiste Behauptung, nur zum Schutz der Königin gehandelt zu haben.
- Leicester stimmt der Hinrichtung Marias zu und wird zu deren Leiter bestimmt, mit Burleigh als Begleiter.
- In einem Monolog vor Unterzeichnung des Urteils entlarvt Elisabeth die wahren Motive ihres Handelns.
- Elisabeths grausames Spiel mit dem Staatssekretär Davison.

Westminster – Konsequenzen des Attentats

IV,1–2: Konsequenzen des Attentats

Reaktionen auf den Mordanschlag

Die Eingangsszenen des IV. Aktes, der nach der Begegnung von Fotheringhay am Nachmittag desselben Tages spielt, zeigen die Reaktionen auf den Mordanschlag. Die französische Hochzeit wird aufgekündigt und der französische Gesandte ausgewiesen, denn Burleighs Geheimpolizei hat herausgefunden, dass dieser Kenntnis von dem Anschlag hatte.

Die erste Sorge Burleighs aber gilt nun erst recht der Vernichtung Marias. Er weist den Staatssekretär Davison an, den Befehl zur Hinrichtung unverzüglich abzufassen und der Königin zur Unterschrift vorzulegen (V. 2648 ff.).

IV,3–6: Leicesters Kampf gegen Burleigh und Mortimers Ende

Wortgefecht zwischen Leicester und Burleigh

IV,3: Sobald die anderen fort sind, kommt es zu einem Wortgefecht zwischen den beiden Erzfeinden Burleigh und Leicester. Erstaunlicherweise ist Leicester der Herausforderer; indem er Burleigh reizt, will er wohl erkunden, ob er selbst irgendwie in Gefahr ist. Und das ist er. Denn Burleigh ist unversöhnlich gekränkt darüber, dass die Begegnung der Königinnen gegen seine Warnungen von Leicester durchgesetzt worden ist. Er triumphiert jetzt höhnisch, dass dieses Treffen so ganz entgegen Leicesters Absichten ausgegangen ist. Dessen Plan, die Bestätigung des Todesurteils zu verhindern, sei ja nun gescheitert. Zugleich deutet Burleigh damit an, dass er Leicester einen weiterreichenden staatsfeindlichen Plan unterstellt.

Monolog Leicesters: Bewusstsein der Gefährdung

IV,4: In einem Monolog analysiert Leicester seine Lage. Wenn seine Kontakte zu Maria an den Tag kommen, wird die misstrauische und eifersüchtige Elisabeth ihn eines weit über seine tatsächlichen Absichten hinausgehenden Verrats-Planes verdächtigen:

> „Der Gegnerin Triumph und Hohngelächter,
> Ja selbst die Mörderhand, die blutig schrecklich,
> Ein unerwartet ungeheures Schicksal,
> Dazwischenkam, werd *ich* bewaffnet haben!"
>
> V. 2754 ff.

Mortimer mahnt zum Handeln

Als Mortimer heimlich und ängstlich dazukommt und bekennt, dass man ihm auf der Spur sei, will Leicester ihn überhaupt nicht hören, sondern sich schroff und „in heftigem Zorn" von ihm abwenden. Er wird erst aufmerksam, als Mortimer berichtet, dass auch Leicesters Schritte verraten seien, weil Burleigh in Fotheringhay einen kompromittierenden Brief Marias an Leicester gefunden habe. Mortimer versucht durch diese Nachricht noch einmal (wie schon in II,8), Leicester zu einer entscheidenden Tat zu bewegen. Zu einer kühnen Tat entschließt sich Leicester wirklich, aber in ganz anderer Weise, als Mortimer beabsichtigte. Er gibt Maria endgültig auf und will versuchen, sich durch Frechheit zu retten. Zunächst verrät er Mortimer: Er ruft die Wache und gibt den Befehl, Mortimer festzunehmen. Doch der ersticht sich unter Verwünschungen gegen die „Bastardkönigin" Elisabeth und ihre Anhänger, „[d]ie von der irdischen Maria sich / Treulos, wie von der himmlischen, gewendet" (V. 2813 f.).

Leicesters Frontwechsel

Mortimers Verhaftung; sein Selbstmord

Fragwürdig ist Mortimer bis zuletzt mit seiner Verquickung von himmlischer und irdischer Maria, von Gläubigkeit und Erotik. Aber mit seinem Freitod bleibt er sich selbst treu (anders als der beständig die Fronten wechselnde Leicester); und er bewahrt die Freiheit der Selbstbestimmung.

IV,5–6: Ein Szenenwechsel führt aus dem Vorzimmer in das Kabinett der Königin selbst. Der Brief Marias an Leicester, vor dem Mortimer gewarnt hat, ist in Elisabeths Händen und hat die von Burleigh gewünschte Wirkung getan: Die Königin ist aufs Äußerste empört und beschämt, dass es dem Verräter Leicester gelungen ist, „[i]m Triumph / Vor seiner Buhlerin mich aufzuführen!" (V. 2822 f.) Sie ist entschlossen, beide, Maria und Leicester, zu töten (V. 2846 f.).

Burleighs Beweise gegen Leicester

Empörung Elisabeths

Als ein Page Leicester meldet, dem der Zutritt verwehrt ist und bleiben soll, wird Elisabeth allerdings wieder schwankend, ob es sich nicht doch um eine Falle Marias handeln könne (V. 2871 ff.).

IV,6: Leicester, der die Gefahr richtig einschätzt, in der er schwebt, setzt seine dreist aggressive Verteidigung fort, die er mit der Festnahme Mortimers begonnen hat. Gewaltsam dringt er zur Königin vor und beginnt sofort, den Widersacher Burleigh zu beleidigen und vor Elisabeth herabzusetzen. Der Königin aber nähert er sich demütig und mit dem Anschein des Vertrauens, so als ob nur Burleigh seine „angebetete Monarchin" mit bösen Intrigen gegen ihn aufgehetzt habe. Doch beiseite schieben kann er den Gegenspieler nicht; Burleigh selbst darf ihm den belastenden Brief vorlegen. Ohne die Fassung zu verlieren, bekennt sich Leicester zu den Kontakten

Leicesters aggressive Selbstverteidigung

mit Maria, von denen in dem Brief die Rede ist; er verfolgt weiter seine Taktik aggressiver Offenheit. Er habe diese Kontakte nur aufgenommen, behauptet er, um „die Feindin zu erforschen“. Burleighs Einwand, es sei doch sehr merkwürdig, dass Leicester diese Schritte verheimlicht habe, tut er leichthin ab, indem er auf seine außerordentlich hohe Vertrauensstellung hinweist und andererseits Burleigh als eitlen Schwätzer attackiert, dessen Methoden er nicht übernehmen wolle.

Leicesters Unschuldsbeweis

Es kommt Leicester zugute, dass er einen scheinbar untrüglichen Beweis für sich anführen kann. Nur durch sein Verfahren sei es möglich gewesen, Mortimer als Verräter zu entlarven, der Maria habe befreien wollen. Dass Leicester von Elisabeths und Burleighs Mordauftrag an Paulet und Mortimer weiß, lässt deren Einwände weitgehend verstummen, wenn auch nicht alle Zweifel beseitigt sind. Zwar erlaubt sich Burleigh noch die misstrauische Frage, ob Mortimer denn wirklich nicht etwa von Leicester mundtot gemacht worden sei. Doch da Leicesters Darstellung von dem Offizier der Leibwache bestätigt wird, bleibt Burleigh nur die murrende Feststellung (in der sich ein entschiedener Zweifel kundgibt): „Graf! Dieser Mortimer starb Euch sehr gelegen.“ (V. 3015)

Leicester verrät Maria

Um sich gänzlich von allem Verdacht zu befreien, fügt Leicester zu dem Verrat an Mortimer den ausdrücklichen Verrat an Maria hinzu: „Jetzt stimm ich selber für ihren Tod“ (V. 3020). Das gibt Burleigh Gelegenheit zu einem letzten Stich gegen den verhassten Gegner: Auf seinen Vorschlag bestimmt Elisabeth Leicester zum Leiter der Hinrichtung. Dabei gibt sie ihm – wohl zur Sicherheit – Burleigh als Begleiter, was ihm besonders peinvoll sein muss. Er erklärt den Auftrag zwar für unwürdig, wagt aber nicht ernsthaft zu protestieren. (Er wagt auch in den folgenden Szenen 7–9 nicht mehr das Wort zu ergreifen.) Der Hinrichtungsbefehl soll alsbald ausgefertigt werden.

IV,7–12: Der Kampf um die Unterschrift unter das Todesurteil

IV,7–9: Von draußen wird Getümmel gemeldet: Das Volk fordert ungeduldig und beunruhigt den Tod der

Maria Stuart. Zugleich legen Burleigh und der Staatssekretär Davison der Königin den Hinrichtungsbefehl zur Unterzeichnung vor. In diesem entscheidenden Augenblick wird Elisabeth wieder unentschlossen und unsicher. Nicht die Tat an sich wird ihr zweifelhaft; aber sie fürchtet sich vor dem Eindruck, den die Hinrichtung machen wird.

Unentschlossenheit Elisabeths vor Unterzeichnung des Todesurteils

Während sie noch mit sich kämpft, kommt Shrewsbury, „in großer Bewegung", als Warner. Es wiederholt sich noch einmal die Konstellation der Staatsrats-Szene II,3 (nur dass Leicester jetzt – sozusagen sehr vernehmlich – schweigt). Shrewsbury warnt die Königin vor Übereilung; warnt sie davor, sich von der Volksstimmung zwingen zu lassen und gereizt und außer sich eine so folgenschwere Entscheidung zu treffen. Er deutet Zweifel an der Gerechtigkeit des Urteils an (V. 3111 f.); vor allem aber warnt er vor dem voraussehbaren Umschlagen der Volksstimmung:

Shrewsburys Warnung

> „Du zitterst jetzt
> Vor dieser lebenden Maria. Nicht
> Die Lebende hast du zu fürchten. Zittre vor
> Der Toten, der Enthaupteten. Sie wird
> Vom Grab erstehen, eine Zwietrachtsgöttin,
> Ein Rachegeist in deinem Reich herumgehn,
> Und deines Volkes Herzen von dir wenden."
> V. 3114 ff.

Nicht mehr „die herrliche Gerechtigkeit" wird nach dieser Tat als der Inbegriff von Elisabeths Herrschaft erscheinen, sondern furchterregende Tyrannei.

Elisabeth reagiert auf die Warnung des Mannes, der ihr heute das Leben gerettet hat, indem sie – scheinbar? – ganz in Ratlosigkeit versinkt. Besser wäre es gewesen, der Mordanschlag wäre gelungen; besser wäre es vielleicht, das Volk wählen zu lassen: Wenn es sich „von dieser schmeichlerischen Stuart" glücklichere Tage erhoffe, so wolle Elisabeth sich gern zurückziehen. Denn ihr Herz sei weich, und sie empfinde ihre Ohnmacht.

Elisabeths Pose der Ratlosigkeit

Da greift Burleigh ein. Wie er vorher schon Shrewsbury entgegengehalten hat, dass längeres Zögern das Reich und das Leben der Königin auf Äußerste gefährde, so hält er jetzt Elisabeth vor, dass es ihre Pflicht sei, das Reich und die Wohlfahrt des Volkes zu retten und vor

Burleighs Staatsräson

neuen Stürmen zu bewahren, vor allem auch vor dem Machtanspruch der katholischen Partei:

„Die Seelen aller deiner Untertanen,
Ich fodre sie von *dir* – Wie du jetzt handelst,
Sind sie gerettet oder sind verloren.
Hier ist nicht Zeit zu weichlichem Erbarmen,
Des Volkes Wohlfahrt ist die höchste Pflicht;
Hat Shrewsbury das Leben dir gerettet,
So will *ich* England retten – das ist mehr!"
V. 3178 ff.

Elisabeths Schlusswort: geheuchelte Unentschlossenheit

Elisabeth schließt wie in der Staatsrats-Szene II,3. Sie will allein bleiben und bei Gott Rat suchen. Doch scheint sie das Ergebnis schon vorwegzunehmen, indem sie den Staatssekretär Davison anweist, mit dem Hinrichtungsbefehl in der Nähe zu bleiben. Auch Shrewsbury ahnt, wie die Entscheidung ausfallen wird.

Monolog Elisabeths: Wunsch nach unbeschränkter Handlungsfreiheit

IV,10: Der anschließende Monolog Elisabeths zeigt, dass sie keineswegs mit „dem höchsten Richter", mit Gott, sich besprechen will oder mit ihrem Gewissen. Vielmehr rechnet sie zunächst mit ihrer bisherigen Rolle ab, mit der Rolle der gerechten Königin. Das Volk, dessen Wünsche und Wohlergehen ihr angeblich so wichtig waren, ist ihr jetzt ein „Götze", dem zu schmeicheln sie müde ist. Was sie anstrebt, ist unbeschränkte Handlungsfreiheit:

„O *der* ist noch nicht König, der der Welt
Gefallen muss! Nur der ist's, der bei seinem Tun
Nach keines Menschen Beifall braucht zu fragen."
V. 3197 ff.

Gerechtigkeit war politisches Kalkül

Dass sie Gerechtigkeit geübt und Willkür gemieden hat, entsprang nicht wirklich ihrem innersten Wesen, sondern es war politisches Kalkül – ein Rollenspiel, zu dem sie sich wider Willen gezwungen sah:

„Doch war's denn meine eigne freie Wahl,
Gerecht zu sein? Die allgewaltige
Notwendigkeit, die auch das freie Wollen
Der Könige zwingt, gebot mir diese Tugend."
V. 3208 ff.

Moralität oder Humanität können Elisabeth also nicht hindern, die Rivalin zu töten; es ist vielmehr ausschließlich eine Frage der Opportunität. Unbestreitbar richtig ist dabei ihre Darstellung ihrer schwierigen politischen Lage. Sie ist umringt von Feinden – der katholischen Fronde im eigenen Land, Frankreich und Spanien; und die Legitimität ihres Thronanspruchs wird angefochten:

Zwänge der politischen Lage

> „So steh ich kämpfend gegen eine Welt,
> Ein wehrlos Weib! Mit hohen Tugenden
> Muss ich die Blöße meines Rechts bedecken,
> Den Flecken meiner fürstlichen Geburt, […]."
> V. 3220 ff.

Zum ersten Mal gibt Elisabeth zu erkennen, wie sehr sie unter dem Makel der außerehelichen Geburt leidet – einem Makel, der sie auf politischem Gebiet zur Überanpassung zwingt. Solange Maria Stuart lebt, wird dieser Fehler der Geburt nicht vergessen sein, das weiß Elisabeth. Doch empfindet sie Maria nicht nur als politische Gefahr, sondern auch als ganz persönliche Rivalin:

Verletzbarkeit Elisabeths

> „[…]. Sie entreißt mir den Geliebten,
> Den Bräut'gam raubt sie mir! *Maria Stuart*
> Heißt jedes Unglück, das mich niederschlägt!"
> V. 3234 ff.

Ausdrücklich die Erinnerung an die Begegnung in Fotheringhay und an das tödlich verletzende Stichwort „Bastard" bringt Elisabeth schließlich dazu, das Urteil zu unterschreiben:

Verletzter Stolz als wichtigstes Motiv

> „Ein Bastard bin ich dir? – Unglückliche!
> Ich bin es nur, so lang *du* lebst und atmest.
> Der Zweifel meiner fürstlichen Geburt,
> Er ist getilgt, sobald ich *dich* vertilge."
> V. 3243 ff.

Sie unterschreibt „mit einem raschen, festen Federzug", lässt dann aber die Feder fallen und „tritt mit einem Ausdruck des Schreckens zurück". Sie will die Tat, fürchtet aber die Konsequenzen.

IV,11: Derselbe Zwiespalt bestimmt die folgende Szene, in der Elisabeth in unwürdiger Weise den Staatssekretär Davison zum Opfer ihrer Unentschlossenheit macht. Ihre Unentschiedenheit zielt zugleich darauf ab, gegebenenfalls einen Schuldigen zu haben. Denn da Shrewsbury das Volk leicht hat beruhigen können, wird Elisa-

Elisabeths berechnendes Spiel mit Davison

beth die Verantwortung für die Hinrichtung nicht mehr auf die Forderung des Volkes abwälzen können, sie übergibt also Davison das unterschriebene Urteil, weigert sich jedoch – trotz seiner verzweifelten Bitten – , ihm einen klaren Auftrag zu erteilen, was damit geschehen soll. Sie bestätigt weder, dass das Urteil sofort vollstreckt werden soll, noch, dass es vorläufig bewahrt werden soll, wälzt vielmehr alle Verantwortung auf den Sekretär. Als dieser ihr mit der Bitte um Aufklärung und eindeutige Entscheidung zu lästig wird, lässt sie ihn einfach stehen.

Burleigh übernimmt die Ausführung des Urteils

IV,12: In seiner Verzweiflung wendet sich Davison an den gerade erscheinenden Burleigh (seinen Mentor im Staatsdienst). Der ergreift ohne Rücksicht auf Davisons Gewissensqualen die ihm willkommene Gelegenheit, „entreißt ihm die Schrift und eilt damit ab“.

Fünfter Akt

1–10: Fotheringhay – Die Hinrichtung Marias 11–15: Westminster – Moralische Richtung Elisabeths	**Fünfter Akt** ➞ Szenen des Abschieds von den treuen Dienern; Marias Seelengröße und Erhabenheit werden sichtbar. ➞ In der Beichte bekennt sich Maria zu ihren Verfehlungen, aber an den Anschlägen gegen Elisabeth ist sie schuldlos. ➞ Begegnung Marias mit Leicester vor dem Tod. Zusammenbruch Leicesters bei der Hinrichtung Marias. ➞ Elisabeths siegesgewisser Triumph. ➞ Shrewsburys letzte Warnung; Elisabeths geheuchelte Reaktion. ➞ Elisabeth in einsamer Größe, verlassen von dem verbannten Burleigh, von Shrewsbury und Leicester.

V,1–5: Rückkehr der Diener am Morgen der Hinrichtung

Die Wiedersehens-Szenen

Der letzte Akt beginnt mit einer Folge von Wiedersehens-Szenen; aber es ist ein „unglückselig schmerzenvoll Wiedersehn“. Am Morgen des Hinrichtungstages dürfen die Diener, die man von Maria getrennt hatte, zum Abschiednehmen zurückkehren: der Leibarzt (V,3), die Kammerfrauen (V,4), vor allem aber Melvil, Marias treuer Haushofmeister. Auch werden Maria all die Kostbarkeiten zurückerstattet, die man ihr während der Gefangenschaft genommen hatte. Die Eingangsszenen des letzten Aktes sind das genaue Gegenbild zu den Eingangsszenen des ersten Aktes. Ausdrücklich spielen sie auch in demselben Zimmer. Doch nicht mit Streit beginnt dieser Akt, sondern mit ausgedehntem stummem Spiel, das die Stimmung stillen Schmerzes vorbereitet.

Treue Anhänglichkeit der Diener Marias

Die Szenenfolge V,1–5 arbeitet dreierlei heraus: Erstens demonstriert sie sehr sichtbar, wie Maria, die Scheiternde, im Untergang von einer großen Zahl von treuen und Anteil nehmenden Freunden umgeben ist. In ihrem Bereich herrscht der Geist des Miteinander, der Zugewandtheit. Als Gegenbild wird in der Schluss-Szene Elisabeth in ihrem Sieg völlig isoliert dastehen.

Marias Erhabenheit

Zweitens wird hier, vor allem im Bericht der Hanna Kennedy an Melvil (V,1), die edle Fassung und Erhabenheit angekündigt, zu der sich Maria in ihrer letzten Nacht durchgekämpft hat. „Zwischen Furcht und Hoffnung, zweifelhaft" (V. 3388) habe sie gewartet, was Mortimer noch unternehmen werde. Dann sei sie überrascht worden durch das Eintreffen des Hinrichtungskommandos und durch die Nachricht von Leicesters Verrat und von Mortimers Tod. In diesem Augenblick des Zusammenbruchs aller Hoffnungen habe sie ihre Gefasstheit errungen:

> „Man löst sich nicht allmählich von dem Leben!
> Mit einem Mal, schnell augenblicklich muss
> Der Tausch geschehen zwischen Zeitlichem
> Und Ewigem, und Gott gewährte meiner Lady
> In diesem Augenblick, der Erde Hoffnung
> Zurückzustoßen mit entschlossner Seele,
> Und glaubenvoll den Himmel zu ergreifen."
>
> V. 3402 ff.

Die Verwandlung Marias ist nicht psychologisch zu erklären und soll auch nicht erklärt werden. Sie ist ein plötzlicher Durchbruch und Aufschwung zu innerer Freiheit.

Marias Unschuld

Drittens wird die Unschuld Marias in allen Punkten, um derentwillen sie verurteilt worden ist, im V. Akt ganz eindeutig und nachdrücklich herausgestellt, zuerst dadurch, dass die Frau des Schreibers Kurl beteuert, das Zeugnis ihres Mannes, das Grundlage für Marias Verurteilung war, sei falsch (V,2).

V,6–7: Marias Abschied von den Ihren und ihre Beichte

Auftreten Marias mit Fassung und Hoheit

Dann tritt Maria selbst auf. Man hat sie zuletzt in III,6 gesehen, wo sie sich nach dem ekstatischen Triumph über die Demütigung Elisabeths kaum gegen das gewalttätige Andringen Mortimers zu wehren vermochte und schließlich verängstigt und entsetzt ins Haus flüchtete. Jetzt erblickt man eine ganz andere Maria: eine, die ihr Schicksal akzeptiert, die die Diskrepanz zwischen sinnlicher und sittlicher Existenz überwunden zu haben scheint. Freiheit, ruhige Hoheit und Erhabenheit sind die Leitbegriffe, unter denen Marias Tod steht. Sie trägt nicht Schwarz wie die anderen, sondern ist „weiß und festlich gekleidet". Ihre ganze Erscheinung bestätigt die erhabene Gefasstheit, die ihr zugesprochen worden ist. „Mit ruhiger Hoheit" begrüßt sie ihren treuen Melvil, trifft letzte Anordnungen, verkündet ihr Vermächtnis an die fernen Freunde und nimmt Abschied von ihren Dienern und Dienerinnen, denen sie sich – „eins nach dem andern" – sehr persönlich zuwendet.

Bedürfnis nach Aussöhnung mit dem Himmel

Die Beichtszene V,7: Maria fühlt sich nun ausgesöhnt mit der Welt, aber nicht mit dem Himmel: Sie hat das Bedürfnis nach Beichte und Absolution. Melvil, der als Einziger bei seiner Königin zurückgeblieben ist, prüft die Ernsthaftigkeit dieses Verlangens. Dann offenbart er ihr, dass er selbst zum Priester geweiht ist, um ihr die Absolution erteilen zu können.

Marias Beichte vor Melvil

In der Beichte bekennt Maria den „neid'schen Hass", den sie gegen Elisabeth gehegt hat; sie bekennt weiter die eitle und „sünd'ge" Liebe, die sie zu Leicester zog; und schließlich bekennt sie als ihre schlimmste Schuld, die sie längst gebeichtet hat, die aber trotzdem „mit neuer Schreckenskraft" immer wiederkehrt, ihre Mitschuld an der Ermordung ihres Gatten Darnley. Da Maria sich zu dieser Bluttat so offen und uneingeschränkt bekennt, ist es umso überzeugender, wenn sie im Weiteren gegen alle Vorhaltungen Melvils daran festhält, dass sie an den Mordanschlägen gegen Elisabeth (die den Grund ihrer Verurteilung bilden) in keiner Weise beteiligt war – weder durch Vorsatz noch durch Tat. Es wird also unmittelbar vor ihrer Hinrichtung noch einmal hervorgehoben, dass Maria unschuldig ist – unschuldig im Sinne der Anklage. Andererseits zeigt die Szene, dass Maria den Weg zur Freiheit, zum Akzeptieren ihres Todes, über den Sühnegedanken findet: Sie deutet den Tod, obwohl er auf einem ungerechten Urteil beruht, als gerechte Sühne für frühere Schuld.

Ihre Unschuld an den Mordanschlägen

Umdeutung der Hinrichtung zur Sühne

Die Beichte entspricht weder exakt katholischem Ritus noch ist sie überhaupt christlich zu verstehen; Schiller benutzt vielmehr christliche Formen als sichtbares Symbol für seine idealistische Weltanschauung.

V,8–10: Marias Gang zur Hinrichtung

Burleigh erscheint, um Marias letzte Befehle zu empfangen. Ihre Abschiedsworte zeigen ihre Seelengröße, auch wenn sie sich von irdischen Gefühlen nicht völlig gelöst hat. Ihrer Mitmenschlichkeit entspricht es, dass sie Paulet für ihre Mitschuld am Tod seines Neffen um Verzeihung bittet. Sie bringt es sogar über sich, Elisabeth die „Heftigkeit von gestern" reuevoll abzubitten; aber sie weist doch noch einmal auf Elisabeths Ungerechtigkeit hin: Sie vergibt ihr ‚ihren Tod'.

Abschiedsworte für Elisabeth und Paulet

Dann steht ihr noch eine letzte Prüfung bevor. Als sie sich zum Gang zur Richtstätte wendet, erblickt sie Leicester; „die Knie versagen ihr", und Leicester empfängt sie in seinen Armen.

Begegnung mit Leicester

> „Verhöhnt Maria zunächst den Opportunisten der Macht, der sie aus dem Kerker zu ‚führen' versprach und diese Ankündigung nun auf prekäre Weise als Wegbereiter der Hinrichtung einlöst, so findet sie im Fortgang ihrer Rede die nötige Gelassenheit" (Alt, 2000, Bd. 2, S. 506).

So nimmt sie Abschied auch von ihm; sie bekennt ihm „die besiegte Schwachheit" ihrer Liebe zu ihm; und sie wünscht ihm – mit Skepsis und nicht frei von Ironie, und mit einem leichten Stich gegen Elisabeths Charakter –, dass er ‚wohl leben' möge:

> „Kniet zu den Füßen der Elisabeth!
> Mög Euer Lohn nicht Eure Strafe werden!
> Lebt wohl! – Jetzt hab ich nichts mehr auf der Erden!"
> V. 3836 ff.

Leicesters Versuch, opportunistisch zu bleiben

Leicester, unfähig zu folgen, bleibt allein zurück. Im ersten Teil seines Monologs V,10 ist sein verzweifelter Kampf mit sich selbst dargestellt. Er bereut seinen Verrat an Maria; dann fasst er den Entschluss, wenigstens „den Preis der Schandtat" nicht zu verlieren: Er will kaltblütig und versteinert bei der Hinrichtung dabei sein. Doch muss er erkennen, dass er dazu nicht fähig ist. Es bleibt ihm aber dennoch nicht erspart, Zeuge des „Schrecklichen" zu werden. Die Geräusche, die von dem Richtsaal hereindringen, vergegenwärtigen ihm nur zu deutlich jede einzelne Phase des Geschehens; und seine Reaktionen und Kommentare vergegenwärtigen zugleich dem Zuschauer die Hinrichtung. Diese Spiegelung in den Seelenqualen des verzweifelnden Leicester wirkt stärker als eine direktere Darstellung. Als der tödliche Hieb fällt, sinkt Leicester ohnmächtig nieder, „mit einer zuckenden Bewegung" – als ob er selbst hingerichtet worden wäre.

Leicesters Zusammenbruch

V,11–15: Westminster – im Bereich Elisabeths

Elisabeths Warten auf den Vollzug der Hinrichtung

V,11–12: Der physischen Hinrichtung Marias folgt die moralische Hinrichtung der äußerlichen Siegerin. Der Schluss des V. Aktes spielt, mit radikalem Szenenwechsel, in Westminster, wo Elisabeth in „heftiger Unruhe" und Unentschlossenheit den Fortgang der Ereignisse erwartet:

> „*Ist* es geschehen? Ist es *nicht?* – Mir graut
> Vor beidem, und ich wage nicht zu fragen!"
> V. 3880 f.

Als dann aber ein Page meldet, dass Leicester und Burleigh schon vor Tagesanbruch abgereist sind, ist sie ihrer Sache sicher. Sie triumphiert – zugleich entschlossen, nach außen hin durch Heuchelei auf alle Fälle den Schein zu wahren:

> „Ich bin Königin von England!
> […] Sie ist tot!
> Jetzt endlich hab ich Raum auf dieser Erde.
> – Was zittr' ich? Was ergreift mich diese Angst?
> Das Grab deckt meine Furcht, und wer darf sagen,
> Ich hab's getan! Es soll an Tränen mir
> Nicht fehlen, die Gefallne zu beweinen!"
>
> V. 3894 ff.

Shrewsburys neue Beweise

V,13: In diesem Augenblick erscheint Shrewsbury in größter Sorge und Erregung. Er hat ermittelt, dass das Zeugnis des Schreibers Kurl falsch war und er es jetzt selbst widerruft, dass also das ganze Verfahren gegen Maria unbedingt wiederaufgenommen werden muss. Elisabeth stimmt zu: „Gut, dass es noch Zeit ist!" (V. 3957). Das ist reine Heuchelei, denn sie hat ja eben über Marias Tod frohlockt. Erst recht verlogen ist das grausame Spiel, dass sie dann in V,14 mit dem Sekretär Davison treibt, von dem sie das Urteil zurückverlangt, als ob sie es ihm eindeutig nur zur Aufbewahrung gegeben hätte. Und als in der letzten Szene Burleigh zurückkehrt und den Vollzug der Hinrichtung meldet, treibt Elisabeth ihre Heuchelei auf die Spitze, indem sie Burleigh wegen eigenmächtigen Handelns verbannt und Davison einen Prozess wegen Veruntreuung ankündigt. Doch sie kann trotz allem den Schein nicht wahren: Der ehrliche Shrewsbury verlässt sie, weil er sie durchschaut und verurteilt:

Elisabeths Heuchelei

Ungerechte Bestrafung Burleighs und Davisons

Shrewsburys Verurteilung Elisabeths

> „Verbanne deine treusten Freunde nicht,
> Wirf sie *nicht* ins Gefängnis, die für dich
> Gehandelt haben, die jetzt für dich schweigen."
>
> V. 4016 ff.

> „[…] Ich habe deinen edlern Teil
> Nicht retten können. Lebe, herrsche glücklich!
> Die Gegnerin ist tot. Du hast von nun an
> Nichts mehr zu fürchten, brauchst nichts mehr zu
> achten."
>
> V. 4027 ff.

So steht Elisabeth am Schluss völlig isoliert und verlassen – und damit auch gerichtet – da. Denn auch ihr letzter Halt bricht: Leicester, ihr besonderer Günstling, hat sich von ihr abgewandt und ist zum Feind geflüchtet,

Leicesters Flucht zum Feind

nach Frankreich. Diese niederschmetternde Nachricht trifft sie in einem der berühmten markanten Dramenschlüsse Schillers: „Der Lord lässt sich / Entschuldigen, er ist zu Schiff nach Frankreich.“

Elisabeths Isolation

Doch bricht Elisabeth unter diesen Schlägen nicht etwa zusammen. „Sie bezwingt sich und steht mit ruhiger Fassung da“, lautet die letzte Bühnenanweisung. Auch Elisabeth besitzt Größe – allerdings eine finstere und unmenschliche Größe.

Die Hauptpersonen und ihre Konstellation

Die Personenkonstellation

Die Personenkonstellation
→ Die Personenkonstellation hebt Gegensätze hervor:
- Die Königinnen Maria und Elisabeth,
- Die Staatsauffassungen von Burleigh und Shrewsbury,
- Die skrupellosen Intriganten Burleigh und Leicester,
- Die potenziellen Retter Marias, Leicester und Mortimer.

Antithetische Personenkonstellation

Antithetik der Personenkonstellation

Die Personenkonstellation in *Maria Stuart* zielt auf die Hervorhebung von Gegensätzen. In erster Linie sind natürlich die feindlichen Königinnen gegeneinandergestellt, Maria und Elisabeth: die Ohnmächtige, Gedemütigte und die Stolze, Mächtige; die Leidenschaft Weckende, aber von ihrem Volk Vertriebene und die von ihrem Volk Verehrte, die aber keine echte Liebe kennt; die Offene, Aufrichtige und die Heuchlerin. Die antithetische Konfiguration bestimmt auch den streng symmetrischen Wechsel der Schauplätze.
Wichtig für den Ideengehalt ist sodann die Antithetik von Burleigh und Shrewsbury: Machiavellistisch bedenkenlose Staatsräson steht gegen Moral und Rechtsbewusstsein. In der von Realpolitik geprägten Welt muss Shrewsbury beiseite treten, Burleigh behält die Oberhand.
Für den Handlungsverlauf bedeutsam ist das Ringen zwischen Burleigh und Leicester: Beide sind skrupellos im Taktieren und Intrigieren. Doch während Burleigh uneigennützig das Interesse Englands wahrnimmt, verfolgt Leicester nur sein Eigeninteresse: Er versucht ausschließlich, seine Position zu halten und zu stärken.
Ein wieder anderer Kontrast besteht zwischen den beiden potenziellen Rettern Marias, zwischen Leicester und Mortimer: Der eine verzichtet um der Macht willen auf Sittlichkeit, auf eine humane Existenz, der andere um der Leidenschaft willen.

Maria

Maria	**Maria** ➞ In der Vergangenheit hat Maria schwere Schuld auf sich geladen, zu der sie sich bekennt. In England aber ist sie unschuldig im Sinne der Anklage. ➞ Marias Haltung zeigt ruhige, selbstbewusste Größe. Ihre Argumentation ist sachlich und überlegen. ➞ Aber Maria versagt in der Realpolitik; ihr fehlt machtpolitisches Geschick. ➞ Marias erotische Attraktivität wirkt dämonisch und Verderben bringend. ➞ Leidenschaftliche Impulsivität zeigt sich in der Begegnungsszene und dem anschließenden Triumphieren. ➞ Maria hofft auf Rettung; erst im V. Akt erscheint sie auf dem Weg „zur ew´gen Freiheit".

Maria Stuart, die schöne, unglückliche und vertriebene Schottenkönigin, erscheint in Schillers Drama als eine durchaus liebenswerte Gestalt. Allerdings weisen die Mortimer-Szenen darauf hin, dass es das Schicksal dieser Frau ist, „heftige Passionen zu erfahren und zu entzünden" (Schiller an Goethe, 18. Juni 1799).

Marias schuldhafte Vergangenheit

In der Vergangenheit – in der Vorgeschichte des Dramas – haben Charme und Schönheit Marias, verbunden mit der Eleganz, die ihr die luxuriöse Erziehung am französischen Hof verschafft hat, großes Unheil angerichtet. Nachdem sie nach dem frühen Tod ihres ersten Gatten, des Königs von Frankreich, als 19-jährige Witwe den schottischen Thron bestiegen hatte, geriet sie alsbald in politische und (nach Schillers Darstellung vor allem) erotische Verstrickungen. Obwohl wieder verheiratet, hatte sie einen Geliebten, den „Sänger Rizzio" (Hanna V. 318 f., Mortimer V. 2585). Als ihr Gatte Darnley diesen vor ihren Augen erstechen ließ, beteiligte sich Maria an einem Komplott zur Ermordung ihres Mannes; kurz danach heiratete sie dessen Mörder Bothwell. Maria hat also seinerzeit in Schottland schwere Schuld auf sich geladen; das wird in I,4 durch Marias Gespräch mit Hanna ohne jede Beschönigung klargestellt. (Die Schuldzuweisung im Drama ist viel eindeutiger, als es die historischen Fakten belegen; vgl. S. 109 ff.) Wegen der ver-

Verhältnis Maria / Elisabeth

muteten Beteiligung an dem Mord und wegen der Heirat mit dem Mörder wurde Maria vom schottischen Adel abgesetzt und vertrieben. Sie suchte Schutz und Hilfe bei der Königin von England, wurde von dieser jedoch gefangen gesetzt. Denn die Stuart bedeutete für Elisabeth eine gefährliche Bedrohung. Infolge der mehrfachen Eheschließungen und Eheauflösungen Heinrichs VIII. waren Legitimität und Thronanspruch seiner Tochter Elisabeth umstritten (so kann Maria sie im Zorn „einen Bastard" nennen, V. 2447). Und da Maria den Edinburgher Vertrag, der Elisabeths Herrschaft anerkannte, nicht unterschrieben und ihren eigenen Anspruch auf den englischen Thron nie aufgegeben hatte (vgl. S. 109), bedeutete die Anwesenheit der Thron-Rivalin in England eine akute Gefahr für Elisabeth. Zudem war die katholische Maria Stuart die Hoffnungsträgerin der katholischen Partei, und diese arbeitete vor allem von Frankreich aus auf den Sturz Elisabeths und die Wiedereinführung des alten Glaubens hin. Deshalb kam es auch während Marias Gefangenschaft immer wieder zu Anschlägen gegen Elisabeth zugunsten Marias.

Schuldlosigkeit Marias in England

Nach der Darstellung des Dramas hat Maria in England keine neue Schuld auf sich geladen (was durch die historischen Quellen nicht so eindeutig gesichert ist). Sie hat in ihrer Gefangenschaft zwar von den Befreiungsversuchen gewusst, aber durchaus nicht von den Hochverratsplänen Babingtons und Parrys und nicht von dem Mordanschlag auf Elisabeth. Sie ist also unschuldig im Sinne derjenigen Anklage, die allein man in England gegen sie erheben kann und die den Vorwand für ihre Hinrichtung bietet. Marias Unschuld zeigt sich schon in ihrer Auseinandersetzung mit Burleigh in I,7; endgültig gesichert wird sie durch die Beichtszene V,7 und durch Shrewsburys Nachforschungen V,13. Schiller hat die Vorgeschichte so angeordnet, dass die lange zurückliegende Schuld in Schottland, über die im I. Akt informiert wird, im Laufe des Stücks und besonders im V. Akt durch den Eindruck der gegenwärtigen Unschuld und des erlittenen Unrechts verdrängt wird. Es entsteht dadurch das Bild einer geläuterten Sünderin.

Die Anschläge zugunsten Marias hatten politisch-religiöse Motive. Das wird im Drama auch nicht verschwiegen. Dennoch bekommt man hier den Eindruck, dass es

Marias erotische Attraktivität

vor allem die erotische Attraktivität Marias, ihre Schönheit und ihr Charme sind, die immer wieder Männer dazu verlocken, ihre Sache gewaltsam zu unterstützen. Deshalb ist es wichtig, dass man sich Maria als in der Blüte der Jugend stehend zu denken hat, etwa 25 Jahre alt – nicht 44, wie es historisch exakt wäre (das schreibt Schiller dem damaligen Berliner Theaterdirektor Iffland, 22. Juni 1800). Von Marias Gegnerin jedenfalls wird ihre Schönheit als etwas Dämonisches, Verderben bringendes erfahren, als Ursache für Mord und Bürgerkrieg – jetzt in England wie vorher schon in ihrem Schottland.

Trotz aller vergangenen Schuld wird Maria von Anfang an als edel dargestellt. Sie weckt Sympathie und heuchelt nicht, es gibt bei ihr keine Divergenz von Schein und Sein, sie ist mit sich selbst eins. Gleich beim ersten Auftreten in I,2 nimmt sie durch ihre überlegene Ruhe und die selbstbewusste Würde für sich ein: „Man kann uns niedrig / Behandeln, nicht erniedrigen“ (V. 155 f.). Mortimer spricht später (I,6,562 ff.) durchaus zutreffend von Marias „Sanftmut“ und der „edlen Fassung“, womit sie „das Unwürdige erduldet“.

Marias königliches Auftreten

Strenge Sachlichkeit

Zu dieser königlichen Haltung gehört es, dass sie ihre Ansprüche mit ruhiger, aber fester Sachlichkeit und mit Geschick vertritt, z. B. bei der Forderung nach einem Priester ihrer Religion, durch deren Ablehnung die Gegner ihre unmenschliche Härte demonstrieren müssen. Dieselbe strenge Sachlichkeit und unnachgiebige Objektivität zeigt Maria in I,4 bei der Reflexion über ihre Schuld auch gegen sich selbst und gegen die Entschuldigungsversuche der Amme. In ein und derselben Szene wird sie zwar durch die mitgeteilten Fakten stark belastet, zugleich aber durch ihre Haltung moralisch emporgehoben.

Kraft der ehrlichen Argumentation

In dem Streitgespräch mit Burleigh (I,7) erweist sich Maria außerdem als ein Mensch, der sein Recht mit gut begründeten Argumenten gewandt zu verteidigen versteht. Sie treibt ihn mehrfach in die Enge; sie lässt ihn nicht das Urteil verlesen; sie besiegt ihn moralisch durch die überlegene Sachlichkeit ihrer Haltung, durch die Kraft ihrer Argumente und nicht zuletzt durch ihre Ehrlichkeit. Sie steht hinter dem, was sie sagt, während Burleigh sich der Unwahrheit oder zumindest Zweifelhaftigkeit seiner Argumente bewusst ist.

Marias Seelengröße

Äußere Würde und innere Größe, Stolz ohne jeden Anflug von Eitelkeit, Offenheit und Ehrlichkeit den anderen und sich selbst gegenüber, Charakterstärke und Festigkeit – das sind die Züge der wahrhaft königlichen Haltung, die der Maria des Dramas zugeschrieben wird und die ihr von Anfang an eine moralische Überlegenheit sichert. Diese innere Größe Marias wird nachträglich noch deutlicher durch den Kontrast zu ihrer Gegenspielerin Elisabeth. Diese setzt sich im II. Akt in der Audienz für die französische Gesandtschaft eitel auf äußere Wirkung bedacht in Szene; in der Staatsrats-Szene gibt sie sich diplomatisch taktierend und hinhaltend; gegen Ende des Aktes erscheint sie immer mehr als – bisweilen hinterhältige – Intrigantin. Mit ihrem scharfen Bewusstsein für das ihrer Machtposition Nützliche und mit der Bereitschaft, dieses Nützliche auch mit Verschlagenheit zu erreichen, ist sie eine Maria extrem entgegengesetzte Gestalt.

Kontrast zur Selbstinszenierung Elisabeths

Marias Versagen in der Realpolitik

Was Marias charakterliche Überlegenheit ausmacht, ist allerdings zugleich die Ursache für ihr Scheitern in der Realpolitik. Sie versteht nicht diplomatisch geschickt und machtbewusst zu handeln und ist Intrigen nicht gewachsen. In der Vorgeschichte hat sie die Wirkung und die Folgen ihres Tuns nie vorausberechnet; die Maria von einst wird man leichtfertig nennen. Die Gefangene weiß zwar Burleigh in der Argumentation standzuhalten, aber durch Verfahrenstricks ihrer Gegner lässt sie sich zu Unbedachtheiten verführen. So hat sie sich etwa verleiten lassen, vor dem von ihr nicht anerkannten Gericht auszusagen (I,7,706 ff.). Und sie vertraut jetzt Leicesters neuer Liebeserklärung – und wird von ihm verraten.

Marias Beziehung zu Leicester

Was Maria zu Leicester hinzieht, ist zunächst die Hoffnung auf Rettung. Von Anfang des Dramas an ist Maria gefasst und würdig, aber mit dem Leben hat sie durchaus noch nicht abgeschlossen. Sie resigniert in der Begegnungsszene, was ihre politischen Ansprüche angeht, wenn sie auch an ihrem Status als Königin weiterhin festhält, noch im V. Akt. Doch sie hofft noch für ihr Leben. Als Leicester – früher ihr Verlobter – mit ihr im Gefängnis eine Korrespondenz beginnt (von diesem Briefwechsel handeln die Szenen IV,4–6), vertraut sie ihm und erhofft sich von ihm ihre Errettung. Dass er das

Treffen mit Elisabeth ermöglicht hat, sieht sie als Bestätigung ihrer Erwartungen. Was Leicesters wirkliche Beweggründe sind, erkennt sie nicht: dass nämlich für ihn nach dem Scheitern seiner Hoffnungen auf die englische Königin die Verbindung mit der Frau, die Anspruch auf den schottischen Thron hat, der zweitbeste Weg zum Königtum wäre. Maria glaubt offenbar an Leicesters ehrliche Liebe und sieht in ihm nicht nur den möglichen Retter, sondern den Geliebten, als sie ihm auf dem Weg zum Schafott voll bitterer Enttäuschung gegenübertreten muss:

> „Ja, Leicester, und nicht bloß
> Die Freiheit wollt ich Eurer Hand verdanken.
> Ihr solltet mir die Freiheit *teuer* machen,
> An Eurer Hand, beglückt durch Eure Liebe,
> Wollt ich des neuen Lebens mich erfreun.
> […]
> Jetzt, Leicester, darf ich ohne Schamerröten
> Euch die besiegte Schwachheit eingestehn –
> […]
> Ein zärtlich liebend Herz habt Ihr verschmäht […]."
>
> V,9,3822 ff.

Maria und Mortimer

Völlig anders steht es um Marias Beziehung zu Mortimer. Seine Liebe ist ganz einseitig. Maria akzeptiert wohl seine Verehrung für sie als rechtmäßige Königin, aber keineswegs seine Liebe zu ihr als Person. Vor seinem rasenden Liebesausbruch III,6 schaudert sie entsetzt zurück. Die Szene zeigt aber ihr Schicksal, „heftige Passionen" auszulösen. Maria akzeptiert Mortimer auch als potenziellen Retter. Und hier wird wieder Marias Versagen in Fragen der Realpolitik deutlich. Nicht nur, dass sie selbst nicht machtbewusst-realistisch zu handeln vermag; sie kann auch nicht verhindern, was in ihrem Namen an Intrigen, Verrat und Mord geplant wird. Und sie bleibt merkwürdig blind für die bedenklichen oder verhängnisvollen Wirkungen, die sie hervorruft. So ist ihr offenbar, trotz ihres Entsetzens in III,6, nicht wirklich klar, bis zu welchem Grad Mortimer inzwischen außer sich ist, wie fest entschlossen er ist, nicht für die Königin, sondern für die Geliebte alle Grenzen und Rücksichten hinter sich zu lassen. Sonst müssten in der Nacht vor der Hinrichtung ihre Bedenken, ob

Marias Blindheit für die Konsequenzen ihres Tuns

sie einem solchen Retter „ihre Ehre / Und fürstliche Person vertrauen dürfe", erheblich stärker sein (V,1,3389 ff.). Zu Marias Charakter gehören allerdings auch die Impulsivität und die Leidenschaftlichkeit, die ihre Gegner als etwas Dämonisches und als Bedrohung empfinden. Leidenschaftlich und gefühlsbetont erscheint sie vor allem bei der Begegnung mit Elisabeth. Wie weit sie sich in dieser Szene von ihren Gefühlen hinreißen lässt, darüber gehen die Meinungen der Rezensenten und Interpreten auseinander. Goethe wird die saloppe Äußerung zugeschrieben: „Mich soll nur wundern, was das Publikum sagen wird, wenn die beiden Huren zusammenkommen und sich ihre Aventüren vorwerfen." Der Dramatiker Grabbe notierte 1832 in der Rezension einer Düsseldorfer Aufführung (und zwar mit Anerkennung für den bei dem Idealisten Schiller ungewöhnlichen Realismus dieses „echten Lebensbildes"): „Zwei Königinnen vergessen vor Neid und Leidenschaft Rang und Krone und werden einander scheltende Weiber, jede Rücksicht aus den Augen setzend, außer den bitteren persönlichen Anzüglichkeiten." Das Stichwort von den „zankenden Fischweibern" tauchte schon 1800 bei einem anonymen Kritiker auf (vgl. E & D, S. 118); und Brecht travestierte dann 1939 in den *Übungsstücken für Schauspieler* die Szene tatsächlich zu einem Zank auf dem Fischmarkt.

Marias Leidenschaftlichkeit

Die Begegnungsszene

„Zankende Fischweiber"?

All diese Reden von einer Zänkerei werden aber Ton und Haltung Marias nicht gerecht. Zwar ist sie in dieser Begegnung außerordentlich emotional; bei der Ankündigung und erst recht beim Anblick Elisabeths überwältigt sie ihrer „Leiden brennendes Gefühl"; unterdrückte Aggressionen begehren auf. Daher ist Maria „halb ohnmächtig", als sie der triumphierenden Feindin gegenübertritt, und vermag nicht die ruhige Überlegenheit aufzubringen, mit der sie Burleigh gegenübergetreten ist. Sie hat Mühe, das Gefühl erlittenen Unrechts zu beherrschen; sie spricht „mit steigendem Affekt". Jedoch ihr Versuch, sich zu unterwerfen und schließlich allen Ansprüchen zu entsagen, ist ehrlich; sie heuchelt nicht, sondern bleibt ihrem Wesen treu. Denn trotz aller Gefühlsbetontheit sind Marias Reden im Grunde auf die Sache bezogen. Von ihrer Seite her handelt es sich keineswegs um „Zank". Das gilt weitgehend sogar noch für

Emotionalität Marias

Ehrlichkeit und Demut

Würde auch im Zorn

den Schluss; zwar „von Zorn glühend", aber „doch mit einer edeln Würde", beschreibt die Bühnenanweisung zu V. 2421 ihre Haltung. Wenn Maria schließlich auf die mangelnde Ehrbarkeit von Elisabeths Mutter verweist und Elisabeth als „Bastard" bezeichnet, so ist diese Beleidigung doch zugleich sachliches Argument für Marias Anspruch auf den englischen Thron. Dagegen sind Elisabeths Schmähreden (ab V. 2403) rein persönlich; Marias Tugend oder Untugend gehen die Königin von England wenig an. Elisabeth ist von Anfang an bemüht, sich selbst vor Maria und vor Leicester in Szene zu setzen und Maria persönlich zu demütigen. Elisabeth agiert in der Tat als „zankendes Fischweib", Maria jedoch nicht.

Gegenbild: Elisabeths persönliche Diffamierung

Hemmungsloser Triumph nach der Begegnung

Krasser und gefährlicher äußert sich Marias Impulsivität in der Szene III,5, die auf die Auseinandersetzung mit Elisabeth folgt. Hier bricht die Leidenschaft mit solcher Maßlosigkeit hervor, dass sie zerstörend und selbstzerstörerisch heftigste Emotionen weckt. Denn Mortimer, der Zeuge der Begegnungsszene gewesen ist, gerät vor Begeisterung außer sich. Dass Maria nach der Auseinandersetzung mit Elisabeth ihren Triumph genießt („Das Messer stieß ich in der Feindin Brust", V. 2459), ruft bei Mortimer einen Ausbruch rasender Leidenschaft hervor. Von der Bewunderung für Marias Schönheit und Herrlichkeit steigert er sich in immer schrankenlosere Raserei bis hin zu einem sexuellen Übergriff (Bühnenanweisung nach V. 2580: „Er presst sie heftig an sich"), den er mit dem demütigenden Hinweis auf ihre früheren Verfehlungen rechtfertigen zu können glaubt.

Mortimers Liebeserklärung als Reaktion darauf

Marias Festhalten am Leben

Wenn Maria auch von den ersten Szenen an im Zeichen des Todes steht und mit ihrer Verurteilung rechnen muss, so hat sie doch zunächst durchaus noch nicht mit dem Leben abgeschlossen und ihren Tod akzeptiert. Die Mortimer-Szene I,6 beispielsweise zeigt, dass sie Rettungsversuche billigt (sie warnt Mortimer nur um seiner eigenen Gefahr willen), dass sie sich von Leicester tatsächlich Rettung erhofft und dass sie im schlimmsten Falle nicht die Hinrichtung, sondern nur lebenslängliche Einkerkerung erwartet; nur fürchtet sie nicht ohne Grund eine heimliche Ermordung. In der halb lyrischen Eingangszene des III. Aktes, als sie auf eine allmähliche Befreiung aus dem Kerker hofft, ist sie außer sich vor Sehnsucht nach Freiheit und Leben; eine Weltzugewandt-

Hoffnung auf Rettung

heit, die noch weit entfernt ist von der stoischen, abgeklärten Haltung des V. Aktes. Und nach dem Bericht der Amme in V,1 hat Maria trotz allem, was inzwischen geschehen ist, noch in der Nacht vor ihrer Hinrichtung mit einer Befreiung durch Mortimer gerechnet, „zwischen Furcht und Hoffnung, zweifelhaft". Erst mit dem Eintreffen des Hinrichtungskommandos sei ganz abrupt der „Tausch geschehen zwischen Zeitlichem / Und Ewigem". Als Maria in diesem ‚Hinrichtungs-Akt' die Bühne betritt, in V,6, ist sie dann allerdings voll edler Fassung und Erhabenheit; sie ist „weiß und festlich gekleidet" und spricht „mit ruhiger Hoheit". Das festliche Arrangement ist natürlich ein Symbol dafür, dass Maria auf dem Weg „zur ew'gen Freiheit" ist (V. 3484). Aber es gibt doch auch Hinweise, dass sie trotz aller erhabenen Fassung nicht ganz frei von irdischen Gefühlen und Gedanken ist: Sie „fühlt die Krone wieder auf dem Haupt" (V,6,3493); gegenüber Hanna nennt sie sich prononciert deren „Königin" (V,6,3579); sie vergibt Elisabeth „von ganzem Herzen" ihren Tod (V,8,3783). Im Moment der Vergebung weist sie ausdrücklich auf Elisabeths Unrecht hin.

Der „Tausch zwischen Zeitlichem und Ewigem"

> „Maria ist in dem Augenblick bereit, einen Mord zu büßen, dessen sie nicht angeklagt ist, als Elisabeth sich anschickt, mit falschen Anschuldigungen einen Justizmord an ihr zu begehen, der ungesühnt bleiben wird, weil er unter der Decke der Gerechtigkeit und der Staatsräson geschieht. Ohne Zweifel, das Büßertum Marias setzt Elisabeth ins krasse Unrecht. Und so selbstlos ist auch die geläuterte Maria nicht, daß sie diesen Triumph über ihre Feindin nicht doch auch genießt. Daß Maria auch noch im Schatten des Todes nicht aufhört, gegen diese Feindin zu kämpfen, zeigen ihre letzten Worte zu Leicester, nachdem sie dessen doppeltes Spiel durchschaut hat: *Ihr durftet werben um zwei Königinnen, / Ein zärtlich liebend Herz habt Ihr verschmäht, / Verraten, um ein stolzes zu gewinnen, / Kniet zu den Füßen der Elisabeth! / Mög Euer Lohn nicht Eure Strafe werden!* (3833–3837).
>
> Am Ende fällt doch auch ein Schatten auf die Lichtgestalt der verklärten Maria. Ihr Zorn und Rachegelüst ist noch nicht gänzlich verbrannt, da glüht noch etwas in ihr. Schiller wollte ihre Idealisierung nicht zu weit treiben. Gewiß, sie wird zu einer *schönen Seele,* aber von schönen Seelen gilt, daß die Sinnlichkeit von der Moralität nicht vollkommen verschlungen wird. Es behaupten sich in ihr sinnliche Gefüh-

le und Neigungen, sie sind nur veredelt und in schicklichen Grenzen gehalten, was nicht ausschließt, daß sie ihre Ambivalenzen immer noch zur Geltung bringen können. Deshalb die Reste von unerlöstem Groll bei der Verklärung der Maria Stuart in der Stunde ihres Todes." (Safranski, 2004, S. 477f.)

Elisabeth

Elisabeth – Pro und Kontra	**Elisabeth** ➟ Elisabeth ist trotz der zur Schau gestellten Stärke im Grunde schwach. Daher ihre Unentschlossenheit, vorgetäuschte Ratlosigkeit, Heuchelei und Eitelkeit. ➟ Zur Entlastung Elisabeths: - Die traumatischen Erfahrungen ihrer Jugend haben sie zur machiavellistischen Realpolitikerin gemacht. - Sie ist ständig bedroht durch die katholische Partei. - Sie leidet unter dem Rollenkonflikt der Frau in der Politik. ➟ Die negativen Züge Elisabeths: - Ihr Umgehen mit Leicester und die Instrumentalisierung Mortimers. - Der Mordauftrag an Mortimer. - Ihre Inszenierung der Begegnungsszene. - Ihre offensichtliche Heuchelei beim Unterschreiben des Todesurteils.

Die „königliche Heuchlerin"

Elisabeth, die Stolze und Mächtige, ist bei aller zur Schau gestellten vorgeblichen Stärke im Grunde ihres Wesens unsicher und schwach. Aus dieser Unsicherheit erklären sich die Grundzüge ihres Verhaltens: Unentschlossenheit und Ratlosigkeit, die oft jedoch nur vorgetäuscht sind, Wankelmut und Heuchelei. Als „königliche Heuchlerin" charakterisiert Schiller sie selbst (Brief an Goethe, 30. Juli 1799). Hinzu kommen eifersüchtige Eitelkeit und der Verdacht geheimer Lasterhaftigkeit. In ihrem ganzen Wesen bildet Elisabeth ein genaues Gegenbild zu Maria.

Elisabeths schwere Jugend

Die negativen Züge von Elisabeths Charakter erklären sich zu einem großen Teil aus ihrer trüben und gefährdeten Jugendzeit; daran erinnert vor allem Shrewsbury in II,3,1377ff. Heinrich VIII. hatte Elisabeths Mutter, seine zweite Gemahlin Anna Boleyn, hinrichten lassen und Elisabeth von der Thronfolge ausgeschlossen, also sozusagen verstoßen. Später hatte Maria Tudor („die Katholische") ihre protestantische Halbschwester Elisabeth zunächst im Tower eingekerkert und dann auf dem Landsitz Woodstock in Haft gehalten. Die protestantische Elisabeth war damals für die katholische Königin eine ähnliche Bedrohung wie jetzt Maria Stuart als Hoffnungsgestalt des Katholizismus für die protestantische Elisabeth; und sie lebte ebenso in ständiger Todesgefahr. Elisabeth war also in ihrer Jugend Gefahren ausgesetzt, denen sie nur durch äußerste Vorsicht und kluge Verstellung hatte entgehen können. Ihr Lebensschicksal hat sie zu einer Realpolitikerin mit stark machiavellistischen Zügen gemacht.

Die politische Zwangslage Elisabeths

Zu bedenken ist bei der Beurteilung Elisabeths ferner die objektive Zwangslage, in der sie sich auch jetzt als Königin noch befindet. Auf die Schwierigkeiten ihrer Situation verweist Burleigh in II,3 und IV,9, Elisabeth selbst in der Begegnungsszene III,4 und in ihrem Monolog IV,10. Sie wird beständig von der katholischen Fronde im eigenen Land und ringsum im Ausland bedroht. Und diese Feinde finden als schwachen Punkt in Elisabeths Position den Makel ihrer Geburt, durch den ihr Thronanspruch nach wie vor umstritten bleibt. Da die katholische Kirche die Scheidung der ersten Ehe Heinrichs VIII. nicht anerkannte, war aus katholischer Sicht die zweite Ehe ungültig und infolgedessen Elisabeth als uneheliches Kind nicht erbberechtigt.

Elisabeths stärkste Stütze ist die Gunst des Volkes. Für das Wohlergehen des Landes und des Volkes hat sie in ihrer Regentschaft zuverlässig und unermüdlich gearbeitet; und sie hat sich um Rechtssicherheit bemüht, was nach den Wirren der vorangegangenen Religions-Umwälzungen als Segen empfunden worden sein muss. Doch Elisabeth weiß selbst, dass die Volksgunst nur ein unzuverlässiger, schwankender Halt ist (vgl. etwa V. 3260 ff.).

Rollenkonflikt der Frau in der Politik

Elisabeths Wesen ist schließlich auch geprägt durch die Schwierigkeit, die Rolle als Königin mit der Rolle als Frau zu vereinen (vgl. dazu S. 77 ff.). Die Frau, die sich „strengen Königspflichten" widmet, muss darauf verzichten, „Ansprüche zu machen", das „Herz zu fragen", sich

„der Erde Lust zu freun" – muss darauf verzichten, ganz und gar „ein Weib zu sein": So klagt Elisabeth (II,9,1968 ff. und 1982 ff.). Sie hat sich für die strengen Königspflichten entschieden, leidet aber unter dem Verzicht auf die weiblicheren, sanften, liebenswürdigeren Züge. Dieser Konflikt trägt wesentlich zu der Zwiespältigkeit ihres Charakters bei. Schiller legt übrigens Wert darauf, „daß Elisabeth in diesem Stück noch eine junge Frau sey, welche Ansprüche machen darf"; deshalb „muss sie von einer Schauspielerin, welche Liebhaberinnen zu spielen pflegt, dargestellt werden"; sie darf also nicht 53, sondern „höchstens 30 Jahr alt" sein (Brief an Iffland, 22. Juni 1800).

Alter: höchstens 30

Der Rollenkonflikt bestimmt auch Elisabeths Verhältnis zu Leicester. Er ist ihr Günstling, ihr „Geliebter" (V. 3234), den sie manchmal mit „Zärtlichkeit" behandelt (V. 1786). Andererseits verfolgt sie ihn nicht nur mit ihrer Eifersucht, die man z. B. bei der Beratung über Marias Schicksal in II,3 spüren kann, sondern sie hat ihn, wie er klagt (II,9,1775 ff.), nun schon zehn Jahre lang zum „Spielzeug" ihrer „Sultanslaunen" gemacht. Ein Fall, in dem sie so mit Leicester spielt, ist die Szene II,8, in der sie ihm die Verantwortung für die Begegnung zuschiebt, die eigentlich sie will. Die Frau Elisabeth mag Leicester lieben, doch die Königin instrumentalisiert ihn.

Entlastungsmaterial von Schiller nicht genutzt

Schillers Drama verweist mehrfach auf die gute Regentschaft Elisabeths, und es nennt auch all die Faktoren, die die negativen Züge ihres Charakters erklären könnten. Doch was den Ausgangspunkt für eine positivere Darstellung bilden könnte, wird meist durch den jeweiligen Kontext wieder abgeschwächt. Beispielsweise wird die Abhängigkeit von der wechselnden Stimmung des Volkes von dem redlichen Shrewsbury nicht nur in den Diskussionen in II,3 und IV,9 bestritten; sondern als das Volk ungestüm und wütend den Tod der Maria Stuart fordert (IV,7), kann er es tatsächlich mit „sanften Worten" beruhigen (IV,11,3249 ff.). Schiller beabsichtigt eine negative Darstellung; das Gefühl des Zuschauers soll gegen Elisabeth eingenommen werden. Sein Drama soll ja demonstrieren, dass man sich nicht für die Realpolitik, für die geschichtlich-politische Welt entscheiden kann, ohne Schaden an seiner Persönlichkeit zu nehmen (vgl. S. 66 ff.).

Negative Darstellung schon indirekt im I. Akt

Die negative Darstellung beginnt schon im I. Akt, vor dem Auftreten der Königin selbst. Burleighs Versuch, Paulet zum Giftmord anzustiften, wird man auf Elisabeths Rechnung setzen. In II,5 erfährt man, dass dies stimmt. Und Elisabeths Bestreben, nackte Gewalt unter dem Schleier der Gerechtigkeit zu verbergen, wird von Maria am Schluss der Auseinandersetzung mit Burleigh in deutlichen Worten – und zu Recht – angeprangert.

Negative Darstellung im II. Akt

Der Eindruck bestätigt sich, als Elisabeth im II. Akt auf der Bühne erscheint, im Gespräch mit der französischen Gesandtschaft (II,2) und im Staatsrat (II,3). Es gehört zu ihrem Auftritts-Ritual, sich eitel in Szene zu setzen (so etwa auch später in der Begegnungsszene III,4: „Mein gutes Volk liebt mich zu sehr"). Heuchelei und unentschlossen-taktierendes Hinhalten, Eitelkeit und Selbstgefälligkeit bestimmen den Verlauf ihrer Szenen. Am Schluss trifft sie nicht eine von ihr zu verantwortende Entscheidung, sondern gibt vor, im Gebet Erleuchtung von Gott zu suchen (II,3 und IV,9), oder sie wälzt die Verantwortung vorsorglich auf jemand anderen ab, wie in II,9 die Verantwortung für die Begegnung mit Maria auf Leicester. Ihr Günstling Leicester klagt gegenüber Mortimer über die Eitelkeit, den „kleinen grillenhaften Eigensinn" und die Eifersucht Elisabeths, die ihm das Leben zur „Hölle" gemacht hätten (II,8).

Diesem negativen Grundmuster werden in einigen Szenen noch einzelne besonders dunkle Flecken hinzugefügt.

Die Briefszene II,4 mit den falschen Tränen

In II,4, als sie Marias Brief mit der Bitte um eine Begegnung gelesen hat, spricht Elisabeth, „ihre Tränen trocknend", tiefsinnige Worte über das gebrechliche Wesen des Menschen auf der Welt:

> „Was ist der Mensch! Was ist das Glück der Erde!
> Wie weit ist diese Königin gebracht,
> Die mit so stolzen Hoffnungen begann,
> […].
> – Verzeiht, Mylords, es schneidet mir ins Herz,
> Wehmut ergreift mich und die Seele blutet,
> Dass Irdisches nicht fester steht […]."
>
> V. 1528 ff.

Man hat diese Betroffenheit bisweilen für echt gehalten, gelegentlich mit Berufung auf Schillers Karlos, nach dessen Worten „Die ewige Beglaubigung der Menschheit" [d. h. des Mensch-Seins] Tränen sind (*Don Karlos* II,2, 1077 f.). Doch es ist wohl nicht ernstlich vorstellbar, dass unmittelbar auf echte Erschütterung eine Anstiftung zum Mord folgen könnte; oder dass die Bitte um eine Begegnung Elisabeth zu Tränen rühren sollte, die Begegnung selbst dann aber als Mittel zum Kokettieren, zur Selbstinszenierung und zur Demütigung ihrer Gegnerin arrangiert sein sollte. Übrigens versichert sie später, dass es ihr nach Marias Hinrichtung an Tränen „nicht fehlen" solle, „die Gefallne zu beweinen" (V,12,3899 f.). Und auf den Hinweis auf „den Wechsel alles Menschlichen" reagiert sie später, in der Begegnungsszene, ungerührt „kalt und streng" (V. 2261 ff.). Wenn Tränen und tiefsinnige Worte aber nicht ernst sind – umso belastender für die Heuchlerin!

Der Mordauftrag an Mortimer, II,5

Die „falsche, gleisnerische Königin" entlarvt sich in II,5 bei der Anstiftung Mortimers zum Mord nicht zuletzt dadurch, dass sie ihm als Belohnung ihre heimliche Liebe verheißt – sei es nun, dass sie dieses Versprechen halten will, so dass Maria in III,4 mit Recht von der „wilde[n] Glut verstohlner Lüste" sprechen kann, sei es, dass sie mit ihm nur ein für ihn riskantes Spiel treibt, wovor Paulet ihn warnt, II,7.

Die Begegnung mit Maria

Einen ausgesprochen negativen Eindruck von Elisabeth hinterlässt der gesamte Zusammenhang um die Begegnung mit Maria. Die Szene II,9 zeigt, dass Elisabeth das Treffen zwar will, aber sie gibt sich den Anschein, als müsste sie sich von Leicester widerstrebend dazu überreden lassen – schon um die Verantwortung abwälzen zu können. Dass Leicester hier ebenfalls falsch spielt, entlastet Elisabeth nicht.

Elisabeths Motive für die Begegnung

Weshalb will Elisabeth die Begegnung? Sachlich hat unzweifelhaft Burleigh Recht, dass ein Besuch der Monarchin die Hinrichtung der Verurteilten unmöglich machen würde (II,4,1522 ff.; so kalkuliert ja auch Leicester, II,8,1899 ff.). Vielleicht ist reine Eitelkeit das Motiv Elisabeths, indem sie nämlich hofft, die langjährige Gefangene in einer Schönheitskonkurrenz vor den Augen Leicesters auszustechen. Auf jeden Fall spielt dieses Motiv mit; Elisabeth will ihr Opfer ihre Überlegenheit fühlen lassen. Man mag spekulieren, ob Elisabeth vielleicht ein politisches Scheinmanöver plant. Sie verlässt sich darauf, dass Mortimer Maria beseitigen wird, und will

vorher aller Welt demonstrieren, dass sie sich zur Begnadigung entschlossen hat. Das wäre eine Heuchelei und Bemühung, den äußeren Schein zu wahren.
Ihre Haltung in der Begegnungsszene selbst ist einer Königin nicht würdig. Sie setzt sich vor dem zuschauenden Leicester und vor ihrem Opfer in Szene; sie reagiert auf Marias anrührende Bitten mit einer Härte und Grausamkeit, die über die politischen Erfordernisse hinausgeht; und sie ist es, die schließlich die Auseinandersetzung in einer noch mehr sie selbst als Maria erniedrigenden Weise ins Persönliche hinüberträgt. Der Sieg liegt eindeutig bei Maria, die ihrer politischen Gegnerin in jeder Hinsicht überlegen ist.

Selbstentlarvung Elisabeths im Monolog IV,10

Endgültig stellt sie sich im IV. und V. Akt bloß, als sie nach der auch in ihrem Sinn gescheiterten Begegnung von Hass und gekränktem Stolz geleitet wird. Der Entscheidungs-Monolog IV,10, an dessen Schluss sie das Todesurteil unterschreibt, lässt deutlich erkennen, dass sie ihren Entschluss zur Hinrichtung nicht primär aus politischen Erwägungen fällt, sondern vielmehr aus persönlichen Motiven. Sie will die Rivalin vernichten, die ihr den Geliebten streitig macht und an der jetzt indirekt auch die französische Heirat scheitert. Ihr durch Marias „Hohn" und durch das Stichwort „Bastard" verletztes Selbstwertgefühl fordert Rache.
Darüber hinaus betreibt Elisabeth in diesem Monolog Selbst-Demontage, indem sie enthüllt, dass ihre Gerechtigkeit und ihre gute Regentschaft nicht ihrem Wesen entsprachen, sondern nur ein durch ihre Situation erzwungenes Rollenspiel waren. In Wirklichkeit wünscht sie sich unumschränkte Handlungsfreiheit, sie würde gern „nach keines Menschen Beifall" zu fragen brauchen – auch nicht nach dem eines guten Menschen, etwa Shrewsburys.
Nach dem Unterschreiben des Todesurteils tritt sie „mit einem Ausdruck des Schreckens zurück": Sie will die Tat, aber sie fürchtet die Konsequenzen. Dieser Zwiespalt wiederholt sich in den Monologsszenen V,11–12: bange Furcht, ausbrechender Triumph – und dann der Entschluss zu permanenter Heuchelei: „Das Grab deckt meine Furcht, und wer darf sagen, / Ich hab's getan! Es soll an Tränen mir / Nicht fehlen, die Gefallne zu beweinen!" (V. 3898–3900).

Misshandlung Davisons

Das Opfer dieses Entschlusses ist der Staatssekretär Davison. Mit ihm treibt die Königin ein grausames und eigentlich sogar ihrer unwürdiges Spiel, um sich aus der Verantwortung zu stehlen. In IV,11 verweigert sie ihm eine klare Anweisung, was mit dem Todesurteil zu geschehen habe, und bürdet ihm dann in V,14 die Schuld für die Hinrichtung auf. Das zuletzt genannte Beispiel verdeutlicht Schillers Urteil über Realpolitik. Als Realpolitikerin handelt Elisabeth mit dem Abwälzen der Verantwortung planvoll und zweckmäßig; und es mag auch sein, dass die politische Lage ein solches machiavellistisches Verhalten erfordert. Doch Schiller gestaltet die Vorgänge nicht unter diesem Aspekt; er arbeitet nicht die Zweckmäßigkeit von Elisabeths Verhalten heraus, sondern ihre Willkür und Unmenschlichkeit. Politische Sachzwänge dürfen nicht über Moral und Gewissen triumphieren – dafür plädiert Schillers Gestaltung der Vorgänge.

Die Figur der Elisabeth ist in Schillers Drama relativ düster gezeichnet, sicher düsterer, als es die historische Elisabeth verdient. Die Entlastungen, die man zu ihren Gunsten anführen kann, vermögen die negativen Charakterzüge vielleicht zu erklären, aber nicht zu rechtfertigen. Elisabeth verkörpert eindeutig die negative Heldin. Als solche allerdings besitzt sie eine gewisse Größe und Stimmigkeit – bis hin zu ihrer bemerkenswerten Haltung am Dramenschluss.

Elisabeth und Maria als Gegenbilder

Elisabeth bildet so einen Gegenentwurf zu Maria. Im Vergleich zu ihr triumphiert Maria, nicht nur in der Begegnungsszene. Selbst Marias moralische Schuld relativiert sich angesichts von Elisabeths ständiger Heuchelei. Und das hat natürlich Auswirkungen auf die Gesamtaussage des Stücks. Die reine Machtpolitik, die ohne moralisches Fundament auszukommen versucht, wird abgewertet; die politisch und rechtlich Ohnmächtige wird moralisch aufgewertet – freilich um den Preis des Scheiterns in der Realität.

Burleigh

Burleigh ➟ Burleigh vertritt eine kühl berechnende Staatsräson ohne Rücksicht auf Recht und Moral. ➟ Er ist treuer und uneigennütziger Diener der Königin; sein eigentliches Ziel aber ist das Wohl Englands. ➟ Als Widersacher von Maria und von Shrewsbury ist er Meister des Streitgesprächs. ➟ Von dem intriganten Widersacher Leicester trennt ihn ein Charaktergegensatz.	Burleigh: Staatsräson

Die drei Mitglieder des Staatsrats – Burleigh, Shrewsbury und Leicester – erscheinen weniger als differenzierte Charaktere, die in verschiedenen Situationen von verschiedenen Seiten kenntlich werden. Sie sind vielmehr strikt funktional auf das Thema Macht und Moral bezogen und repräsentieren drei verschiedene Einstellungen: Burleigh ist der Realpolitiker, Shrewsbury der Vertreter von Recht und Humanität, Leicester der opportunistische Höfling.

Von den drei Ministern ist Burleigh wohl derjenige, der den tatsächlichen politischen Absichten seiner Königin am Nächsten steht. Er ist ein kühl berechnender Politiker und Vertreter einer unpersönlichen Staatsräson, ohne eigentlich menschliche Züge. Sogar gegen die erotischen Reize Marias ist er gänzlich unempfindlich. Als Pragmatiker beugt er sich den machtpolitischen Sachzwängen, ohne sich durch Gesichtspunkte von Recht und Ethik anfechten zu lassen; darin bildet er den Gegenpol zu Shrewsbury. Im Interesse der Sache ist er bereit, das Recht zu beugen, nämlich den Schauprozess gegen Maria zu arrangieren und dafür falsche Zeugenaussagen bereitzustellen; ja, er schreckt auch nicht davor zurück, Paulet zum Giftmord anzustiften. Die Sache, die er dabei im Auge hat, ist das Wohl seiner Königin, vor allem aber das Wohl Englands. Seine Handlungsmaxime formuliert er am Ende von IV,9:

Burleigh: Vertreter der Staatsräson

Pragmatismus ohne Rücksicht auf Moral

Burleighs Ziel: das Wohl Englands

> „Hier ist nicht Zeit zu weichlichem Erbarmen,
> Des Volkes Wohlfahrt ist die höchste Pflicht;
> Hat Shrewsbury das Leben dir gerettet,
> So will *ich* England retten – das ist mehr!"
>
> V. 3181 ff.

Die Sorge um sein Land ist bei ihm ehrlich und aufrichtig; er ist nicht von Gefühlen, von Ehrgeiz oder von eigennützigem Machtstreben geleitet. In dieser Hinsicht stellt er das absolute Gegenbild zu dem Intriganten Leicester dar. Bezeichnend für Burleigh ist, dass er Maria, nachdem ihre Hinrichtung angeordnet und die Gefahr für England damit ausgeschaltet ist, nicht etwa mit Hass oder Feindschaft verfolgt, sondern sie wie Paulet behandelt: ablehnend, aber fair (V,8–9). Die ungerechte Verbannung durch seine Königin, deren Interessen er durchaus in ihrem Sinne wahrgenommen hat, akzeptiert er wortlos. Er dient ihr noch einmal, indem er schweigt (V,15).

Burleigh als Meister des Wortgefechts

Burleigh tritt immer als Politiker auf, nie im persönlich gefärbten Gespräch. Und er erweist sich dabei als rhetorisch geschulter Meister der Beredsamkeit und des Argumentierens. Die Gegner, die er mit der Kraft seiner Eloquenz bekämpft, sind Maria und Leicester.

Einsatz für Marias Hinrichtung

Der Kampf gegen Maria beginnt im I. Akt, als er in I,7 Maria das Urteil verkünden will und von ihr in eine Diskussion des ganzen Falles verwickelt wird und als er in I,8 Paulet zum Mord überreden will. In diesen beiden Szenen scheitert er trotz aller Gewandtheit: Der Geradheit und Ehrlichkeit Marias und auch der biederen Redlichkeit Paulets ist er hier, wo er eine schlechte Sache vertritt, nicht gewachsen. Auf einer anderen Ebene liegt die Konfrontation mit Shrewsbury in der Staatsrats-Szene II,3 und in IV,9, wo es um die Grundsatzfrage geht, ob in der Politik reine Staatsräson zu herrschen habe oder Moral.

Kampf gegen Leicester

Der Gegensatz zwischen Burleigh und Leicester kommt im IV. Akt klar zum Ausdruck. Vorher hat Leicester sich in vorsichtigem Taktieren jeder eindeutigen Stellungnahme in den Kontroversen zwischen Burleigh und Shrewsbury enthalten. In IV,3 aber hat Burleigh herausgefunden, dass Leicester Kontakte zu Maria geknüpft und dass er Elisabeth zu dem Treffen mit Maria überredet hat. Burleigh ist entschlossen, den Verräter zu vernichten – was ihm zunächst auch zu gelingen scheint (IV,5), bis sich Leicester dann, auf Kosten Mortimers, doch wieder herauswinden kann (IV,6). Hinter diesem Kampf zwischen Burleigh und Leicester mag eine lang gehegte Feindschaft stecken; sicher besteht ein extremer Gegensatz der Charaktere; auch Eifersucht bezüglich des Einflusses auf die Entschlüsse der Königin spielt eine Rolle. Doch in der Sache hat Burleigh ja Recht. Leicester ist ein Verräter, und Burleigh geht also in seinem Kampf gegen ihn nicht über das hinaus, was – nach seinem Verständnis – dem Wohl des Staates dient.

Talbot, Graf von Shrewsbury

Talbot, Graf von Shrewsbury
- ➞ Regierungsprinzip und maßgebende Norm ist für Shrewsbury nicht der Nutzen, sondern das Recht.
- ➞ Insofern vertritt er die Gegenposition zu Burleigh und fordert für Maria gerechte Behandlung.
- ➞ Seine Humanität äußert sich im Mitgefühl für Maria.
- ➞ Seine resignierende Verurteilung seiner Königin am Ende vernichtet Elisabeth moralisch.

Shrewsbury: Rechtsgefühl

Schiller zitiert den Grafen zunächst als „Talbot", dann vom II. Akt ab als „Shrewsbury". Da Burleigh und Leicester nicht mit ihrem eigentlichen Namen, sondern ihrem Adelstitel genannt werden, wäre „Shrewsbury" die konsequente Bezeichnung.

> „Ein durchaus symbolischer Charakter ist […] Shrewsbury, der sich weit von der historischen Figur dieses Namens entfernt. Der Greis ist in antikem Sinne gedacht, und nach einer feinen Bemerkung Körners [des Freundes Schillers] vertritt er gleichsam die Stelle des griechischen Chors. Er steht ganz außerhalb der Handlung und ist der richtende Zeuge, dem es zuletzt zufällt, das Urteil über Elisabeth zu sprechen." (Petersen, SA 6, S. XVII f.)

Das Recht als oberstes Regierungsprinzip

Politisch vertritt Shrewsbury die Gegenposition zu Burleigh: Nicht der Nutzen, sondern das Recht ist für ihn maßgebende Norm. Deshalb setzt er sich im Staatsrat für die Begnadigung Marias ein, da der Prozess nicht rechtens gewesen sei, und befürwortet das Treffen der Königinnen als ein Mittel der Begnadigung (II,3–4). Auch nach dem Misslingen der Aussöhnung tritt er Elisabeth als Warner entgegen. Nicht im Affekt soll sie eine so gravierende Entscheidung treffen; und sie soll bedenken,

Die Rolle des Warners

dass der augenblickliche Gewinn an Sicherheit den dauernden Verlust an Ansehen und sittlicher Würde nicht aufwiegt (IV,9). Und seine Sorge um seine Königin, vor allem aber um das Recht ist es, die ihn zu neuen Nachforschungen in den Tower treibt (V,13), allerdings zu spät, als dass er den Justizmord noch verhindern könnte.

Shrewsburys Urteil über Elisabeth

Das Urteil des Mannes, der Elisabeth gerade das Leben gerettet hat, ist resignierend: „Ich habe deinen edlern Teil / Nicht retten können"; ihre Rechtlichkeit, ihre moralische Unbescholtenheit, an die er geglaubt hat, sind verloren. „Du […] brauchst nichts mehr zu achten". Jetzt steht ihr der Weg offen zu der Tyrannei, die sie IV,10 zu ihrem eigentlichen Ideal erklärt hat und vor der Shrewsbury sie in IV,9,3134f. gewarnt hat. Deshalb weigert dieser sich jetzt in seiner Geradheit und Starrheit, ihre neuen Taten zu besiegeln. Dass der aufrichtige, uneigennützige Lordsiegelbewahrer sie verlässt, ist moralisch vernichtend für Elisabeth und wohl auch persönlich ein schwerer Schlag. Denn es scheint offensichtlich, dass er bei ihr in hohem Ansehen stand, wenn er ihr auch manchmal lästig gewesen sein mag.

Shrewsburys Humanität

Ein anderer Zug in Shrewsburys Wesen, der unabhängig von seinem Rechtsgefühl steht, ist seine Humanität, seine mitfühlende Menschlichkeit. In der Staatsrats-Szene II,3 ist er nicht eigentlich von Marias Schönheit geblendet, wie es ihm Elisabeth vorhält, sondern ihn ergreift das Mitgefühl mit Marias ganzem Lebensschicksal, wobei er ihre Schuld keineswegs leugnet oder übersieht. Das menschliche Verständnis, das Maria in Shrewsburys „milder Haft" erfahren hat, lässt sie auch bei der überraschend angesetzten Begegnung mit der Feindin bei ihm Halt und Schutz suchen (III,3).

Leicester

Leicester

- Leicesters prekäre Position zwischen Elisabeth und Maria: An die abgebrochene frühere Beziehung zu Maria versucht er vorsichtig wieder anzuknüpfen; seine Rolle als Günstling Elisabeths ist frustrierend, aber für seine Position wichtig.
- Leicester ist ein opportunistischer Höfling, der seine Stellung durch Taktieren verteidigt. Bei drohender Gefahr wird er skrupellos (Verrat Mortimers).
- Erst bei der Hinrichtung Marias erwacht bei ihm ein echtes Gefühl.

Leicester: Opportunismus

Leicesters Beziehung zu Maria und Elisabeth

Besonders prekär am Hofe Elisabeths ist, wo es um Tod oder Leben Maria Stuarts geht, die Stellung Leicesters; denn er steht in Beziehung zu beiden Frauen. Die Fakten, wie Schiller sie gesehen wissen will (nicht ganz in Übereinstimmung mit der historischen Realität), stellt Leicester selbst Mortimer gegenüber (II,8) dar. Danach war Maria ihm „zugedacht seit langen Jahren", nämlich bevor sie Darnley heiratete. Damals aber hat Leicester aus Ehrgeiz abgelehnt. Er hoffte Elisabeth gewinnen zu können. Die aber hat nur mit ihm gespielt: Zehn Jahre lang hat er „dem Götzen ihrer Eitelkeit" mit „Sklavendemut" gedient. Um Elisabeths immer reger Eifersucht zu entgehen, hat er sich als „blutigster Verfolger" Marias geben müssen (I,6,699) und hat auch im Prozess für deren Tod gestimmt (II,3,1438 f.). Nun aber hat ihn Elisabeth durch den Plan der französischen Heirat brüskiert und frustriert; und da sucht er wieder Kontakt mit Maria. Nach eigener Darstellung, weil er sich erst jetzt ihrer Schönheit und der Faszination ihrer Persönlichkeit bewusst geworden ist; tatsächlich wohl eher, weil er durch sie irgendwie den Thron Schottlands zu gewinnen hofft. Er hat aber noch nichts zu Marias Rettung unternommen; einstweilen beschränkt er sich darauf, die Vollstreckung des Todesurteils hinauszuzögern.

Leicesters Position als Günstling Elisabeths

Leicesters Einfluss, den er als drittes Mitglied des Staatsrats am englischen Hof hat, beruht nicht auf staatsklugem politischem Handeln, wie der Burleighs, und schon gar nicht auf persönlicher und politischer Integrität, wie der Shrewsburys, sondern offenbar weitgehend allein auf seiner Position als Günstling der Königin. Demzufolge muss er diese Position auf jede Weise verteidigen, daher sein beständiges Taktieren und Intrigieren. In jeder Szene zeigt er sich als ein amoralischer Opportunist, als ein Höfling, der seiner Königin schmeichelt und sich all ihren Launen anzupassen weiß, sie aber auch geschickt in eine für ihn günstige Richtung zu dirigieren vermag. Mit Recht empfindet Mortimer von Anfang an ein warnendes Gefühl der Abneigung gegen ihn: „Ich habe zu dem Höflinge kein Herz" (II,6,1659). Von allen Hauptpersonen des Dramas ist Leicester am wenigsten zur Selbstbestimmung, also zur Freiheit fähig (vgl. S. 70 f.). Nach dem Bericht der Amalie von Voigt, einer Dame der Weimarer Gesellschaft, wollte Schiller selbst allerdings seinen Leicester nicht gänzlich negativ verstanden wissen:

Amoralischer Opportunismus des „Höflings"

> Er „hielt diese Rolle für schwer, er fürchtete, sie könne leicht bis zur moralischen Nichtswürdigkeit herabgezogen werden, da er sich doch in Leicester durchaus keinen Theater-Bösewicht, sondern einen glatten, temporisirenden [d. h. durch Taktieren Zeit gewinnenden] Hofmann, in welchem der Ehrgeiz mächtiger als die Liebe herrscht, gedacht hatte."
> (Zit. nach: E & D, S. 70)

Skrupelloser Egoismus

Doch Leicesters Charakterlosigkeit wird zur Skrupellosigkeit, wenn er sich bedroht fühlt. So hat er im Prozess Maria verraten und für ihren Tod gestimmt; und so verrät er Mortimer, der ihn gerade noch unter Lebensgefahr vor Burleighs Kenntnissen gewarnt hat, und führt dessen Tod herbei (IV,4).

Elisabeths Spiel mit Leicester

Wie Leicester den „Sultanslaunen" Elisabeths ausgesetzt ist, sieht man etwa am Anfang von III,4, wo sie ihn als Prügelknaben benutzt, um die Begegnung mit Maria als zufällig erscheinen lassen zu können. Auch vorher in II,9 beim Arrangieren dieser Begegnung zeigt sich, welche Rolle er zu spielen hat. Elisabeth will nur gereizt werden, das zu tun, wozu Eitelkeit, Eifersucht und Hass sie so sehr drängen; und sie durch Schmeichelei dazu zu bringen, ist die Aufgabe, für die sie sich Leicester hält.

Leicesters Taktieren

Sein ängstliches, „temporisirendes" Taktieren auf politischem Parkett erlebt man im Staatsrat II,3 und auch, als der erste Gedanke an eine Begegnung der Königinnen aufkommt in II,4.

Die erste Unterredung mit Mortimer (II,8) bringt Leicesters Charakter durch den Kontrast sehr deutlich zur Anschauung: hier der Wagemut und die Tollkühnheit des wahren Verehrers – dort das Taktieren des vorsichtigen Höflings. Am Schluss allerdings hat er einmal ein echtes und tiefgehendes Gefühl (im Gegensatz etwa zu dem nie von Gefühlen berührten Burleigh), ein Gefühl, das offenbar für den Rest seines Lebens bestimmend wird. Das Erlebnis von Marias Hinrichtung vernichtet ihn innerlich, so dass er das Streben nach Ansehen und Einfluss, den Inhalt seines ganzen bisherigen Lebens, aufgibt. Er trennt sich von Elisabeth und flüchtet „zu Schiff nach Frankreich" – ausgerechnet zu den Erzfeinden.

Leicesters Ende

Mortimer

Mortimer

- Die einzige gänzlich erfundene Figur in *Maria Stuart*.
- Mortimer ist Repräsentant der katholischen Partei, deren geistige Welt in der Rom-Erzählung sichtbar wird.
- Mortimers entschlossenes Handeln steht im Gegensatz zu Leicesters zögernd-feiger Untätigkeit.
- Die Vermischung von Idealem und Sinnlichem führt ihn zu Fanatismus und skrupellosem Egoismus (Ambivalenz seines Verhaltens zu Maria).

Mortimer: Begeisterung und Fanatismus

Mortimer ist die einzige gänzlich erfundene Figur in *Maria Stuart*. Er ist ein leidenschaftlicher, aktiver Jüngling – kaum älter als 21 oder 22 Jahre, wie Schiller an Iffland am 19. November 1800 schreibt. Seine schwärmerische Begeisterung, seine glühende Liebe, aber auch sein bedenkliches Außer-sich-Geraten hat Schiller dadurch gekennzeichnet, dass er ihn immer wieder zu gereimten (also gewissermaßen lyrischen) Jamben übergehen lässt (vgl. S. 92 f.).

Ein leidenschaftliche Jüngling im Alter von 21–22 Jahren

Mortimer ist einer der Auslöser der Dramenhandlung (der andere ist Burleigh mit seinem Insistieren auf Vollstreckung des Todesurteils); durch ihn und seine Informationen wird der bisher untätige Leicester dazu gebracht, den Begegnungs-Plan zu betreiben. Außerdem

Auslöser der Dramenhandlung

Repräsentant der katholischen Aktion

hat Mortimer die katholische Fronde zu repräsentieren, die vom Kontinent angestiftet wird, Maria zu befreien und auf den englischen Thron zu setzen. Schiller gibt ihm Züge der Verschwörer Babington und Parry. Von diesen Verschwörern hört man im Drama mehrfach; und Burleigh und Elisabeth werden nicht müde, auf die von ihnen drohende Gefahr hinzuweisen. Doch ohne Konkretisierung auf der Bühne, wie sie die Figur des Mortimer leistet, bliebe diese Bedrohung reine Behauptung, wäre nicht greifbar genug. Mortimers großer Lebensbericht in I,6 erzählt sehr anschaulich vom Treiben der katholischen Partei in Frankreich. Vor allem aber gewinnt die Mentalität jener Emigranten in der Rom-Erzählung Gegenwart. Deren geistige Welt darzustellen ist offenbar die Funktion der Rom-Erzählung, die ja keine konkrete Bedeutung für die Handlung hat (beglaubigt wird Mortimer durch das Schreiben des Kardinals) und die in der gefährlichen Situation (Paulet kann jeden Augenblick zurückkehren) erstaunlich breit angelegt ist.

Eine Anregung für die Darstellung des Rom-Erlebnisses Mortimers mag Schiller in den *Herzensergießungen eines kunstliebenden Klosterbruders* von Wackenroder und Tieck (1796), einer wichtigen Schrift der deutschen Frühromantik, gefunden haben. Man sollte den Einfluss der Romantik jedoch nicht überschätzen. Wichtig für Schiller war, dass die Rom-Erzählung eine Weltsicht darstellt, in der das Religiöse und das Ästhetische miteinander verschmelzen; in der „heitren Wunderwelt" der Kunst glaubt Mortimer den Geist der Wahrheit zu erfahren. Das klingt, als ob Mortimer Schillers Konzeption von einer harmonischen Totalität (vgl. S. 75 f.) nahekäme. Doch Mortimer ist eine außerordentlich schillernde Persönlichkeit; das Ideale und das Sinnliche gehen bei ihm eine sehr gefährliche Mischung ein. Das zeigt sich in der Ambivalenz seiner Beziehung zu Maria. Er verehrt Maria als Märtyrerin der katholischen Sache, fast als Heilige, und begehrt sie auch als Frau. Er betet in ihr gewissermaßen die Idee der Schönheit an, erkennt auch das Schöne, das Edle ihrer Seele (I,6) – und demütigt sie gleichzeitig mit den Worten, die von Elisabeths ‚gemeiner Schönheit für alle' gar nicht so fern sind (III,6). Für den Sterbenden stehen dann wieder die irdische Maria

Ambivalenz der Verehrung für Maria

und die Jungfrau Maria nahezu gleichwertig nebeneinander (IV,4).

Die Zwiespältigkeit in Mortimers Verhalten Maria gegenüber soll u. a. auch Marias eigene fatale Ambivalenz sichtbar machen, nämlich dass es ihr Schicksal ist, auch gegen ihren Willen und ohne ihre Schuld „heftige Passionen" zu wecken (vgl. S. 46). Doch mag Mortimer auch ein Opfer von Marias Faszination sein – entschuldigt ist er dadurch freilich nicht. Zu konstatieren bleibt, dass der leidenschaftliche Jüngling, der in der Konfrontation mit dem zögernd-feigen Leicester (II,6) durch seine tatkräftige Entschlossenheit für sich einnimmt, im Verlauf des Geschehens immer mehr in Fatalismus und verblendete Vermessenheit absinkt.

Absinken in verblendeten Fanatismus

Daran ist auch seine Umwelt schuld. Zu der Untätigkeit Leicesters kommt die Erfahrung, dass Elisabeth ihm tatsächlich einen Meuchelmord zumutet – eine Erfahrung, die seine schlimmsten Vorurteile bestätigt. Nach dieser Szene mit der Königin (II,5) schlägt Mortimer zum ersten Mal bedenkliche Töne an: „Ich selber kann sie retten, ich allein, / Gefahr und Ruhm und auch der Preis sei mein!" (II,6,1660 f.)

Den äußersten Tiefpunkt erreicht Mortimer in der Szene nach der Begegnung der Königinnen, III,6, wo er von Marias bedenklichem Triumphieren über befriedigte Rache zu rasender Verblendung hingerissen wird, so dass es zu dem Übergriff kommt und dem skrupellosen Bekenntnis, dass er, um Maria zu befreien und zu besitzen, über Leichen gehen werde – auch über die Leiche seines Oheims und „zweiten Vaters" Paulet.

Thematische Aspekte

Politik und Moral

Unvereinbarkeit von Politik und Moral	**Politik und Moral** ➟ Schillers These: Macht und Moral sind nicht vereinbar. ➟ Die Beschönigung des Verzichts auf Moral führt zum Widerspruch zwischen Sein und Scheinen-Wollen. ➟ Die Heuchelei, durch die der Schein gewahrt werden soll, ist ein Ausdruck der Schwäche. ➟ Die Zwänge der Politik deformieren den Menschen und führen zum Verlust der Identität. ➟ Das Geschehen in *Maria Stuart* ist durch den Widerspruch von Absicht und Ergebnis charakterisiert, auch in Einzelzügen.

Unvereinbarkeit von Macht und Moral

Die Welt der Politik, wie sie in *Maria Stuart* vorgeführt wird, stellt den politisch Handelnden vor das Problem, wie er seine Position behaupten kann, ohne als Mensch deformiert zu werden. Das Problem erweist sich als unlösbar: Das dramatische Geschehen zeigt immer wieder, dass Macht und Moral sich nicht vereinbaren lassen.

Die Zwangslage Elisabeths

Vor die Wahl zwischen politischer Notwendigkeit und den Forderungen der Moral sieht sich Elisabeth gestellt, als sie über das Schicksal ihrer Gegnerin Maria Stuart zu entscheiden hat. Die Königin befindet sich in einer Zwangslage, denn die Fragwürdigkeit ihrer Legitimität schränkt ihren Handlungsspielraum ein. Da ihr Thronanspruch nicht eindeutig ist, muss sie sich die Gunst des Volkes erhalten, auf die sich ihre Macht stützt, und das Volk hasst (angeblich) die katholische Maria Stuart. Außerdem ist es unzweifelhaft, dass Maria Stuart, solange sie am Leben ist, durch die Intrigen der katholischen Partei immer eine Bedrohung für Elisabeth bedeuten wird. Die Beseitigung dieser Bedrohung scheint eine politische Notwendigkeit; doch moralisch ist sie nicht zu rechtfertigen. Indem Elisabeth sich den Sachzwängen beugt, begeht sie einen Justizmord. Moral und Politik sind unvereinbar.

Widerspruch von Sein und Scheinen-Wollen

Da niemand sich zum eindeutig erklärten Verzicht auf Moral entschließen kann, kommt es zu einem beständigen Widerspruch zwischen dem, was man scheinen will, und dem, was man wirklich ist – zu Schönfärberei, Bemäntlung und Heuchelei. Elisabeth ist keine unbeirrbar gerechte Herrscherin. Sie versucht bloß den Anschein zu wahren, auch wenn sie dabei z. B. Davison ruiniert. Sie ist auch nicht das Muster der Frauentugend, zu dem sie sich stilisieren möchte. Und der intrigierende Leicester beispielsweise ist eine schwankende und schillernde Persönlichkeit, aber nie ist er wirklich der, als der er erscheint.

Heuchelei als Ausdruck der Schwäche

Diese Heuchelei, die den Schein zu wahren sucht, ist Ausdruck von Schwäche. Sie ist der verzweifelte Versuch, sich mit allen Mitteln in der Politik zu behaupten. Elisabeth vor allem ist fortwährend bemüht, ihre Defizite zu verhüllen (das Sprachbild des „Bemäntelns" ist ihr zugeordnet; vgl. S. 97). Sie hat nicht den Mut, zu scheinen, was sie ist, wie ihr Maria zu Recht vorwirft (V. 974); sie kann es sich in ihrer Position wohl auch nicht leisten. Manchmal erscheint sie geradezu verlogen: so durch die erheuchelte Humanität bei der Lektüre von Marias Brief (II,4) oder in den Schluss-Szenen, wo sie den Eindruck ihrer Unschuld an dem nun offenkundigen Justizmord mit allen Mitteln zu wahren sucht.

Erst recht ist bei Leicester das Intrigieren und Schwanken Ausdruck seiner Schwäche. Er wagt nicht, er selbst zu sein; es geht ihm nur darum, so zu erscheinen, dass er seine Stellung behauptet. Zu diesem Zweck ist er bereit, über Leichen zu gehen (über die Mortimers und in gewissem Sinn auch über Marias). Doch auch skrupellose Rücksichtslosigkeit zahlt sich in dieser unberechenbaren Welt nicht aus: Leicester scheitert trotz allem.

Verblendung Mortimers

Etwas anders liegen die Verhältnisse bei Mortimer, der in leidenschaftlichem Fanatismus Täuschung und Verrat als legitime Mittel im Kampf gegen die „falsche, gleisnerische Königin" ausdrücklich akzeptiert (II,6,1632 ff.). Doch nicht nur scheitert er mit diesen Mitteln; er unterliegt auch einer Selbsttäuschung, denn hinter dem von ihm proklamierten Kampf für die wahre Königin verstecken sich in Wahrheit egoistische erotische Wünsche (wie bereits der Schluss desselben Monologs andeutet).

Der Fall Mortimers ist symptomatisch. Der Versuch, seine Ziele auf Kosten der Moral durchzusetzen, hat auch in anderen Fällen dieselben Ergebnisse. Erstens gelingt es trotz allem nicht, das politische Geschehen in den Griff zu bekommen; und zweitens deformiert der so Handelnde sich selbst.

Das politische Geschehen ist nicht steuerbar: Widersprüche von Absicht und Ergebnis

Die Geschehnisse in *Maria Stuart* sind durch das Scheitern aller Pläne, Hoffnungen und Erwartungen charakterisiert; die Handlung zeigt immer wieder einen Gegensatz zwischen Absicht und Ergebnis. Durch die Beseitigung Marias gewinnt Elisabeth eben nicht die Sicherheit und Selbstsicherheit, die sie sich erhofft hat; sie verliert vielmehr ihre Vertrauten, und sie büßt erheblich an moralischer und politischer Autorität ein. Die persönliche Begegnung mit Elisabeth, die Maria so dringend gewünscht hat, bringt ihr nicht die Rettung, sondern beschleunigt im Gegenteil ihren Untergang.
Dasselbe paradoxe Verhältnis zwischen Absicht und Ergebnis kehrt auch in Einzelzügen des Geschehensablaufs immer wieder. Maria verweist Mortimer an Leicester; gerade dadurch scheitert Mortimers Rettungsversuch und findet Mortimer selbst den Tod. Shrewsburys engagiertes Eintreten für Maria reizt Elisabeth erst recht gegen die Rivalin auf (II,3). Als Elisabeth einen Mörder für Maria sucht, gerät sie ausgerechnet an deren leidenschaftlichsten Verehrer. Leicester bringt die Begegnung der Königinnen zustande; aber indem er bei Elisabeth falsche Erwartungen weckt (oder nährt), verurteilt er diese Aussprache auch schon zum Scheitern.
Der ungeschickte Befreiungsversuch von Mortimers Gefährten besiegelt endgültig Marias Schicksal. Das Geschehen in *Maria Stuart* steht also durchgehend im Zeichen einer tragischen Ironie, die das Missverhältnis zwischen den Eingreifmöglichkeiten des Individuums und dem Gang der Geschichte krass herausstellt. Die politisch-geschichtliche Welt in *Maria Stuart* ist unberechenbar, nicht steuerbar, chaotisch. Schiller hatte als Anschauungsmaterial für die chaotische Potenz geschichtlichen Geschehens den Verlauf der Französischen Revolution in frischer Erinnerung.

Die Politik deformiert den Menschen und bewirkt Identitätsverlust

Die Welt der Politik erzwingt Anpassung; sie lässt es nicht zu, dass jemand zu sich selbst findet. Wie wenig Elisabeth sie selbst sein kann, wie sehr sie unter dem

Zwang zum Schein lebt, lässt sie besonders klar in ihrem Monolog IV,10 erkennen. Ihre Herrschertugenden, zumal die bisher von ihr geübte Gerechtigkeit, waren ein Rollenspiel, mit dem sie die Erwartungen des Volkes befriedigte, um ihre Position zu halten; diese Tugenden entsprangen keineswegs ihrem innersten Wesen. Dass Elisabeth nicht mit sich selbst eins ist, dass sie zwischen der Rücksicht auf die Rollenerwartung und den eigenen Wünschen gespalten ist, hat ihr Taktieren und Schwanken zur Folge.
Extrem ist der Identitätsmangel Leicesters: Er hat infolge der Anpassung an die jeweils wechselnden Gegebenheiten jegliche Identität verloren. Mortimer versäumt es, seine eigene Persönlichkeit zu entwickeln. Er lässt sich von der katholischen Partei in Frankreich zum bloßen Werkzeug degradieren, ohne sich dessen überhaupt bewusst zu sein. Auch Burleigh ist fremdbestimmt, insofern er sich mit der Rolle eines Funktionärs begnügt. Er verzichtet auf eine eigene moralische Persönlichkeit zugunsten dessen, was er für das Wohl Englands hält; für ihn sind weder Justizmord noch Mord ein moralisches Problem (I,8).

Selbstfindung / Die Idee der Freiheit

Selbstfindung / Die Idee der Freiheit

- ➟ Weg zur Selbstfindung ist der Verzicht auf Macht.
- ➟ Maria erringt Freiheit, indem sie alle äußeren Affekte und auch die Angst vor dem Tod ignoriert.
- ➟ Die Entwicklung Marias vollzieht sich in mehreren Stufen. Die Gewissheit der Hinrichtung führt in einem plötzlichen Willensakt zur Stufe der absoluten Freiheit.
- ➟ Freiheit von allen Zwängen der Sinnlichkeit, auch von der Furcht vor dem Sterben-Müssen, gehört in Schillers philosophischen Schriften zum Wesen des Menschen.
- ➟ Da Maria in ihren letzten Abschiedsworten nicht völlig vom Sinnlichen frei ist, erreicht sie nicht die Stufe des „Erhabenen“, sondern (nur) die einer „schönen Seele“, bei der Sinnlichkeit und Vernunft harmonieren.

Selbstfindung, Idee der Freiheit, „Schöne Seele“

Was bleibt dem Menschen angesichts der Tatsche, dass die politische Welt die Entfaltung einer autonomen moralischen Persönlichkeit offenbar nicht zulässt? Der einzige Ausweg scheint nach Aussage des Dramas *Maria Stuart* zu sein: Man muss aus der Welt der Politik ganz ausscheiden. Diesen Weg geht Maria. Sie befreit sich aus allen Intrigen und allen irdischen Beschränkungen, indem sie ihren Tod als „Triumph" akzeptiert (V. 3497) und so ihre Wünsche und ihr Schicksal in Übereinstimmung bringt.

Weltverzicht als Weg zur Selbstfindung

Ähnliches erreichen von den Personen des Dramas nur wenige und auch nur ansatzweise. Am ehesten gelingt es bemerkenswerterweise Mortimer, sich noch im Tode treu zu bleiben; er stirbt mit den Worten „ich bin frei" (V. 2807). Jedoch ist das Selbst, dem er treu bleibt, durch Fanatismus und Verblendung entstellt. In bescheidenem Rahmen wahrt Shrewsbury seine Identität, indem er am Schluss sein Amt als Lordsiegelbewahrer niederlegt (V,15): Er weigert sich, sein Rechtsbewusstsein zugunsten von Macht und Einfluss aufzugeben. Dabei muss er sich eingestehen, dass er als politisch Handelnder gescheitert ist: „Ich habe wenig / Getan – Ich habe deinen [d.h. Elisabeths] edlern Teil / Nicht retten können." (V. 4027 ff.)

Verschiedene Versuche der Selbstfindung

Leicester zeigt durch die Flucht nach seinem Zusammenbruch in V,10 Ansätze, seine Identität zu suchen. Diesmal ist er nicht mehr willens oder nicht mehr fähig, durch erneutes Taktieren seine Position zu halten. In allen diesen Fällen ist die Selbstfindung mit dem Verzicht auf Ansehen und Macht in der politischen Welt erkauft, wenn nicht sogar mit dem Leben.

Was Maria durch die Haltung erreicht, mit der sie ihr Ausscheiden aus der sinnlichen Welt, d.h. aus dem Leben, akzeptiert, ist aber noch mehr als Selbstfindung. Sie erringt am Morgen ihres Todes ein hohes Maß von Freiheit – Freiheit von den Affekten, die bisher ihr Leben bestimmt haben: von Todesfurcht und Hoffnung auf Rettung, von Selbstmitleid und weitgehend auch von Hass gegen die Feinde. Indem sie sich nicht mehr von irdischen Gefühlen bestimmen lässt, gelingt ihr sozusagen eine endgültige und ideale Selbstfindung. Ihr Persönlichkeitskern ist jetzt frei von den Einflüssen ihrer Umwelt. Ihre physische Existenz ist mit der moralischen

Marias Freiheit von Affekten

Existenz versöhnt. Schiller benutzt im V. Akt das christliche Jenseits, dessen sich die fromme katholische Märtyrerin gewiss ist, als Bild für die Idee der Freiheit.

Idee der Freiheit

Den Schritt zu dieser Idee der Freiheit vollzieht Maria erst im V. Akt, am Morgen ihres Todes. Doch dass sie ihn vollziehen kann, hängt damit zusammen, dass bei ihr von Beginn des Dramas an eine Prädisposition für den Aufschwung zum Erhabenen vorhanden ist. Denn im Gegensatz zur Selbstentfremdung all der anderen ist sie von Anfang an mit sich selbst eins. Für sie existiert keine andere Autorität als ihr eigenes Gewissen. Dass sie ihr Zentrum in sich selbst hat und sich nicht von außen determinieren lässt, ermöglicht ihr die Unabhängigkeit des Urteils. Die Freiheit von der Wertung der Welt erlaubt ihr, auch im Gefängnis ihr Selbstgefühl zu bewahren: „Man kann uns niedrig / Behandeln, nicht erniedrigen" (I,2,155 f.). Sie akzeptiert sich selbst auch in ihrer Schuldhaftigkeit und versucht nicht, ihre Schuld am Tod König Darnleys zu bemänteln (wie es vermutlich Elisabeth tun würde); sie erkennt auch die von Hanna angeführten mildernden Umstände nicht an (I,4). Und sie lässt sich ihre Schuld nicht vergeben – von der „Kirche, die den Löseschlüssel hat / Für jede Schuld", wie Hanna ihr vorhält; für sie bleibt die „längst vergebne" Schuld „frischblutend" (I,4,284 ff.; vgl. V,7,3693 ff.).

Voraussetzung für Marias Selbstbefreiung

Einssein mit sich selbst; Unabhängigkeit des Urteils

In der Beichtszene akzeptiert sie dann in freier Selbstentscheidung das ungerechte Todesurteil als gerechte Buße für die frühere Schuld (V,7,3735 f.) und kann so auch in dieser Hinsicht mit sich selbst, mit ihrem Gewissen ins Reine kommen. Dass Maria vom Anfang des Dramas an im Gegensatz zu ihrer Vorgeschichte zu sich selbst gefunden hat und mit sich selbst eins ist, ist die Voraussetzung für den Aufschwung zur Freiheit.

Aufschwung zur Freiheit

Den letzten Schritt jedoch, der zu der absoluten Freiheit und also zur Furchtlosigkeit vor dem Tode führt, vollzieht Maria erst in der Nacht vor der Hinrichtung durch einen plötzlichen Willensakt. So berichtet die Amme in V,1:

> „Mit einem Mal, schnell augenblicklich muss
> Der Tausch geschehen zwischen Zeitlichem
> Und Ewigem, und Gott gewährte meiner Lady
> In diesem Augenblick, der Erde Hoffnung
> Zurückzustoßen mit entschlossner Seele [...]."
>
> V. 3403 ff.

Stufen von Marias moralischer Entwicklung

Das Drama zeigt also keinen Prozess allmählicher Läuterung, der schließlich in die Freiheit der Idee mündet. Es werden vielmehr drei verschiedene Stufen von Marias Entwicklung erkennbar. In der Vorgeschichte, über die nur berichtet wird, war Maria offenbar recht willenlos den Einwirkungen der Umwelt ausgeliefert. Das Leid der Gefangenschaft hat sie zu sich selbst geführt. So, als autonome und mit sich selbst im Einklang befindliche Persönlichkeit, erlebt man sie im Drama, ohne dass ein Läuterungs-Prozess näher dargestellt und kommentiert würde. Die Gewissheit der Hinrichtung bringt sie dann dazu, in einem plötzlichen Willensakt die Stufe der absoluten Freiheit zu erreichen. Dargestellt wird auch dieser Vorgang nicht (der Entschluss fällt in den Einschnitt zwischen IV. und V. Akt). Dargestellt wird vielmehr nur das Ergebnis: die Maria des V. Aktes, die über die Irritationen durch Ängste oder Hoffnungen hinausgewachsen ist, die ihrer Feindin Elisabeth und dem verräterischen Liebhaber Leicester zu vergeben vermag (V,8 und 9) – allerdings nicht, ohne auf deren Schuld hinzuweisen.

Schillers Schrift *Ueber das Erhabene*

Schiller hat seine Gedanken über die Idee der Freiheit in der philosophischen Abhandlung *Ueber das Erhabene* dargelegt (1801 gedruckt, aber wohl schon um 1794 geschrieben, also sechs Jahre vor *Maria Stuart*). Für Schiller gehört wie für Immanuel Kant (mit dessen Philosophie er sich seit 1791 eingehend beschäftigt hat) zum Wesen des Menschen die Freiheit. Zur Freiheit aber gehört die Fähigkeit und Bereitschaft, sich von den Zwängen der Sinnlichkeit, also von Trieben, Begierden und Wünschen, ja sogar vom Lebenswillen freizumachen zugunsten der Sittlichkeit, des Erhabenen. Der Mensch muss freilich sterben, aber er verspielt seine Freiheit und seine Menschenwürde, wenn er dies Sterben-Müssen als furcherregenden Zwang erlebt:

Freiheit von allen Zwängen der Sinnlichkeit

> „Nimmermehr kann er das Wesen seyn, welches will, wenn es auch nur Einen Fall gibt, wo er schlechterdings muss, was er nicht will. Dieses einzige schreckliche, *was er nur muß und nicht will,* wird wie ein Gespenst ihn begleiten und ihn wie auch wirklich bey den mehresten Menschen, der Fall ist, den blinden Schrecknissen der Phantasie zur Beute überliefern; seine gerühmte Freyheit ist absolut Nichts […].“ (NA 21, S. 38 f.)

Die Todesfurcht kann das Leben eines Menschen entstellen, wenn er nicht fähig ist, sich von ihr durch einen Akt moralischen Wollens zu befreien. Erst wer das Notwendige akzeptiert (die Religion würde sagen: wer sich in den göttlichen Willen ergibt) ist wirklich frei; und erst durch diese absolute Freiheit wird der Mensch wirklich zum (menschenwürdigen) Menschen.

Dass man den eigenen Tod akzeptieren, ja gegebenenfalls geradezu wollen soll – diese Forderung Schillers mag man wohl als Zumutung empfinden. Die Größe der inneren und äußeren Haltung Marias im V. Akt des Dramas kann andeuten, in welcher Richtung der Weg zur Erhabenheit verlaufen müsste, und die aus solcher Erhabenheit resultierende seelische und moralische Freiheit veranschaulichen.

Erhabenheit Marias

Man wird allerdings einräumen müssen, dass Maria auch zuletzt vom Sinnlichen nicht völlig frei ist (vgl. S. 37, 49 f.). „Es behaupten sich in ihr sinnliche Gefühle und Neigungen, sie sind nur veredelt und in schicklichen Grenzen gehalten" (Safranski, 2004, S. 477 f.). Sie erreicht also nicht wirklich die Stufe des „Erhabenen", sondern wird nur eine „schöne Seele". Den Unterschied zwischen dem Erhabenen und dem Schönen in Bezug auf das Verhältnis von Sinnlichkeit und Vernunft beschreibt Schiller in der Schrift *Ueber das Erhabene* so:

Erhabenheit oder „schöne Seele"?

> „Wir fühlen uns frey bey der Schönheit, weil die sinnlichen Triebe mit dem Gesetz der Vernunft harmonieren; wir fühlen uns frey bei dem Erhabenen, weil die sinnlichen Triebe auf die Gesetzgebung der Vernunft keinen Einfluß haben, weil der Geist hier handelt, als ob er unter keinen andern als seinen eigenen Gesetzen stünde." (NA 21, S. 42)

Man kann also nicht von einer Läuterung Marias zum „Erhabenen" sprechen, „sondern von dem Verweis Schillers darauf, dass die Ästhetik des Schönen eine Versöhnung der Widersprüche des Lebens bewirken kann, die aber dessen Antagonismen unberührt lässt. So erscheint es folgerichtig, dass das Drama nicht mit der Abendmahlsszene und der Hinrichtung Marias schließt, sondern mit der Präsentation der von allen verlassenen Elisabeth, die weiterleben und die Widersprüche des historischen Prozesses aushalten muss." (Hofmann, 2003, S. 166)

Geschichtspessimismus oder Geschichtsoptimismus?

Geschichts-pessimismus oder Geschichts-optimismus?	**Geschichtspessimismus oder Geschichtsoptimismus?** → Im V. Akt wird Maria eine „schöne Seele", aber es bleibt ein Rest des Irdischen: Eine mögliche Synthese deutet sich an. → Schiller weist der Kunst die Aufgabe zu, durch die Ausbildung des Empfindungsvermögens den idealen Staat einer vernünftigen Harmonie vorzubereiten. → Für die Interpretation der Maria Stuart bedeutet das: – Das Drama soll durch „ästhetische Erziehung" zur Gesellschaftsveränderung beitragen. – Die Andeutung einer möglichen harmonischen Totalität ist eine Aufforderung, die Dinge zu ändern.

Festlichkeit von Marias Abschiedsszenen

„Der Erde Glanz auf meinem Weg zum Himmel" (V. 3549): Mit diesen Worten charakterisiert Maria sehr treffend die Atmosphäre ihrer Abschiedsszenen im V. Akt. Der Glanz ihrer Erscheinung – weiß und festlich ist sie gekleidet und trägt ein Diadem in den Haaren – bildet einen starken Kontrast sowohl zu der Trauerkleidung, dem Schmerz und dem Weinen der getreuen Diener als auch zu der unköniglichen Kargheit bei ihrem ersten Auftritt in den Eingangsszenen. Sie wird aus ihrem Gefängnis befreit und diese Befreiung soll als etwas letzten Endes nicht Trauriges erkennbar werden. Festlicher Glanz korrespondiert mit der Erhabenheit, der königlichen Haltung Marias in den Abschiedsszenen. Und die religiöse Weihe des V. Aktes, die Beichtszene mit der Lossprechung Marias von aller Schuld, soll veranschaulichen, dass sie in der Tat auf dem „Weg zum Himmel" ist. Die (oft als Fehler kritisierte) Handlungsarmut des V. Aktes ist gewollt und hat einen Aussagewert. „Erde" und „Himmel", physische und moralische Existenz sind hier offensichtlich keine unversöhnlichen Gegensätze mehr; eine mögliche Synthese deutet sich an.

Synthese von physischer und moralischer Existenz

Schillers Begriff der „schönen Seele": harmonische Totalität

Mit den Begriffen der Theorie, die Schiller in dem Jahrzehnt vor *Maria Stuart* in Auseinandersetzung mit Kant entwickelt hat (vor allem in der Schrift *Ueber Anmuth und Würde*, 1793), kann man Maria auf ihrem Weg zum Tode als eine „schöne Seele" bezeichnen, die das Ideal einer Harmonie des ganzen Menschen verkörpert, einer Vereinigung von Sinnlichkeit und Sittlichkeit – wenn auch nicht ohne Rest. Im V. Akt steht Maria in edler Gefasstheit über Jammer und Leid; sie akzeptiert ihren Tod – aber sie weist doch auf dessen Ungerechtigkeit hin. Glanz und Pracht des Weges zum Tode repräsentieren ihre innere Vollkommenheit – sie ist sich aber auch im Gefühl ihres moralischen Sieges bewusst, dass dies „der Erde Glanz“ auf ihrem „Weg zum Himmel“ ist (V. 3549).

Die Interpretation des V. Aktes hat Konsequenzen. Wenn Maria das Ideal einer harmonischen „schönen Seele“ erreicht – wenn auch erst im Augenblick ihres Todes –, so ist eine solche harmonische Totalität realisierbar. Das heißt: Die Diskrepanzen – auch die zwischen Macht und Moral – müssten sich überwinden lassen. Es wäre also ein Fernziel erkennbar; die Lage der geschichtlichen Welt wäre doch nicht ganz ohne Hoffnung.

Utopie einer Überwindung der Diskrepanzen in der Realität

Auch das entspricht Schillers theoretischen Äußerungen. In den Briefen *Ueber die ästhetische Erziehung des Menschen* (1793/1795) gibt er eine Ortsbestimmung der Kunst innerhalb der Kulturentwicklung der Menschheit allgemein und speziell in der aktuellen Situation nach den Erfahrungen der Französischen Revolution. Dabei weist er der Kunst eine zentrale staats- und gesellschaftspolitische Aufgabe zu. Sie soll durch Ausbildung des Empfindungsvermögens, des Gefühls für das Ideale, den idealen Staat einer vernünftigen Harmonie vorbereiten. Als Preis für die – an sich freilich begrüßenswerte – Entwicklung der Kultur und Zivilisation sieht Schiller einen Verlust von Totalität: Jetzt herrschen fortschreitende Arbeitsteiligkeit, staatlich-gesellschaftliche Anonymität, Idolisierung des Nutzens sowie von materiellen Interessen bestimmtes Konkurrenzdenken.

Schillers *Briefe Ueber die ästhetische Erziehung*

Totalitätsverlust und Entfremdung in der modernern Gesellschaft

> „Ewig nur an ein einzelnes kleines Bruchstück des Ganzen gefesselt, bildet sich der Mensch selbst nur als Bruchstück aus; ewig nur das eintönige Geräusch des Rades, das er umtreibt, im Ohre, entwickelt er nie die Harmonie seines Wesens, und anstatt die Menschheit in seiner Natur auszuprägen, wird er bloß zu einem Abdruck seines Geschäfts, seiner Wissenschaft.“ (NA 20, S. 323).

Freilich sei zuzugeben, dass „die Gattung auf keine andere Art hätte Fortschritte machen können“ (6. Brief, NA 20,

S. 326). Doch stelle sich nun die dringende Aufgabe, eine harmonische Totalität wiederzugewinnen, wie sie einst in der griechischen Antike bestanden habe, wo der Einzelne noch substanziell mit dem Ganzen verbunden gewesen sei. Und der wohl einzige Weg zurück zu einer solchen idealen Gesellschaft verlaufe eben über die Kunst:

Kunst als Werkzeug zur Wiedergewinnung der Totalität

> „Alle Verbesserung im Politischen soll von Veredlung des Charakters ausgehen – aber wie kann sich unter den Einflüssen einer barbarischen Staatsverfassung der Charakter veredeln? Man müßte also zu diesem Zwecke ein Werkzeug aufsuchen, welches der Staat nicht hergiebt, und Quellen dazu eröffnen, die sich bey aller politischen Verderbnis rein und lauter erhalten.
> […] Dieses Werkzeug ist die schöne Kunst, diese Quellen öffnen sich in ihren unsterblichen Mustern" (9. Brief, NA 20, S. 332 f.).

Bedeutung für *Maria Stuart*

Die Bedeutung dieser theoretischen Äußerungen für die Interpretation von *Maria Stuart* lässt sich in drei Punkten zusammenfassen.

Der dargestellte Weltzustand ist zeitbedingt

- Auf keinen Fall gibt das Stück eine allgemeingültige Beschreibung des unveränderlichen Wesens des Menschen und der Welt zu allen Zeiten. So hat man früher oft interpretiert, indem man das Menschenbild der Klassik als zeit- und gesellschaftsunabhängiges Vorbild für ideales Menschentum schlechthin nahm; *Maria Stuart* würde dann also zu reiner Innerlichkeit und radikaler Weltabwendung auffordern. Dieser Interpretation steht jedoch entgegen, dass Schiller selbst die geschichtliche Situation seiner Zeit als zeitbedingt und veränderlich ansah.

Die Form des Dramas dient der Gesellschaftsveränderung

- Es mag wohl sein, dass *Maria Stuart* eine geschichtlich-politische Welt zeigt, die den Einzelnen an der Selbstentfaltung hindert und ihn schuldig macht – eine Welt, aus der man nur durch Ausscheiden sich befreien kann. Funktion des Dramas als Kunstform wäre es dann aber, die „ästhetische Erziehung des Menschen" zu bewirken, die hoffentlich irgendwann zu einer Veränderung der realen Verhältnisse führen wird.
- Einen Schritt weiter geht die Interpretation, die das Ideal in dem Stück selbst angedeutet findet. Danach

verweist *Maria Stuart* auch im Inhalt auf die Möglichkeit einer harmonischen Totalität – und besitzt dadurch den Charakter einer Aufforderung, die Dinge zu ändern:

Die Möglichkeit harmonischer Totalität ist angedeutet

> „Statt auf die geschichtliche Katastrophe das tröstliche Bild idealer Menschlichkeit folgen zu lassen, schließt das Drama an die ideale Menschlichkeit die bestürzenden Bilder geschichtlicher Katastrophe an: Leicesters selbstzerstörerische Bewußtwerdung der eigenen verfehlten Existenz, Elisabeths Unmenschlichkeit und Verlassenheit. Der Kontrast ist zu grell, als daß ihn die Analyse übergehen dürfte: Analyse einer Gesellschaftsordnung, die in der Antithetik ohnmächtiger Humanität und geschichtsmächtiger Inhumanität erstarrt. So will das Drama dem Zeitgenossen nicht nur die Erfahrung der Totalität, des ‚lebendigen Spiels aller seiner Kräfte' ermöglichen, damit er selber ein Bewusstsein vom wahren Ziel der Geschichte gewinne: es will ihm auch die Einsicht in politische Herrschaftsformen vermitteln, die seine Selbstverwirklichung verhindern und jenes Ziel in eine utopische Ferne rücken. Nicht zufällig hat Schiller die ästhetische Totalität der ‚schönen Seele' auch ausdrücklich politisch gefaßt: als ein den absolutistischen Staat und den anarchischen Umsturz überwindendes Drittes." (Sautermeister, 1992, S. 328 f.)

Der Rollenkonflikt der Frau in der Politik

Der Rollenkonflikt der Frau in der Politik

- ➟ Das Rollenklischee von der Schwäche der Frau wird in *Maria Stuart* auffallend häufig zitiert.
- ➟ Elisabeth verkörpert durch ihre Lebensführung den Gegenentwurf einer starken Frau.
- ➟ Doch die Rolle als starke Königin in der von Männern dominierten Welt führt zum Verzicht auf Weiblichkeit.
- ➟ Der Durchbruch der frustrierten weiblichen Gefühle ist Ursache für Elisabeths Heuchelei und Selbstinszenierung.
- ➟ Maria, andererseits, versagt in der Realpolitik.
- ➟ Keiner der beiden Frauen gelingt eine Synthese von Weiblichkeit und Politik.

Der Rollenkonflikt der Frau in der Politik

Ein lange übersehenes Thema, das erst seit Sautermeister (1979) ernst genommen wird, betrifft die Stellung der Frau in *Maria Stuart*, genauer den Rollenkonflikt der politisch agierenden Frau in einer traditionell von Männern bestimmten Welt. Die Verbalisierung und Problematisierung der Rolle der Frau und die Betonung der vermeintlich naturgegebenen Wesensunterschiede von Frau und Mann sind in *Maria Stuart* auffallend häufig – häufiger noch, als es von einem Stoff, der die beiden Frauen Maria und Elisabeth als Hauptpersonen hat, ohnehin zu erwarten ist.

Rollenklischees von der Schwäche der Frau

Zitiert werden vor allem die typischen Rollenklischees von der Schwäche der Frau – obwohl tatsächlich doch beide Königinnen ihrer männlichen Umwelt überlegen sind. So erklärt Shrewsbury (V. 1373): „Denn ein gebrechlich Wesen ist das Weib"; deshalb werfe es sich dem „Mutvollstärksten in die Arme". Weil unwürdiges (weibisches) „Geschrei und Jammern" zu erwarten wären, soll keine Frau Maria zum Schafott geleiten (V. 3807 ff.). Wegen ihrer Schwachheit ist die Frau unzuverlässig und treulos. Dass Elisabeth sich von ihm abkehren und dem Franzosen ihre Gunst schenken wird, ist für Leicester selbstverständlich: „Sie ist ein Weib" (V. 1802). So erklärt auch Maria ihr Verfallensein an Bothwell, ihren „Wahnsinn blinder Liebesglut": Ursache waren allein „seine Männerkraft und meine Schwachheit" (V. 332). Und ganz in diesem Sinne erteilt ihr dann auch Melvil in V,7 die Absolution: „Du fehltest nur aus weiblichem Gebrechen" (V. 3740). Das Regierungssystem einer Frau (Elisabeths) ist, nach Leicester, eng und kleinlich; es fehlt ihm der männliche „Heldengeist" (V. 1933 ff.). Andererseits verlangt man von einer Frau, dass sie ein weicheres Herz hat als der Mann, so dass nach Burleighs Meinung die Frau (Elisabeth) nicht so einfach das gerechte Richtschwert gebrauchen kann wie der Mann, sondern dass man von ihr Gnade erwartet (V. 1018 ff.). Die Schwäche der Frau kann aber auch wieder ihre Stärke sein: „ihrer Tränen weibliche Gewalt" übt eine große „Macht auf die Gemüter" (V. 991 f.).

Maria entspricht in manchen Punkten der Rollenerwartung, jedenfalls wenn man mehr an ihre Vorgeschichte denkt als an ihr Auftreten im Stück selbst. Elisabeth jedoch liefert durch ihre Lebensform ein direktes Gegenmodell. Gegen Shrewsburys Äußerung von der Gebrechlichkeit des Weibes verwahrt sie sich deshalb aufs Energischste (II,3,1374 ff.):

Elisabeths Gegenentwurf: Stärke

> „Das Weib ist nicht schwach. Es gibt starke Seelen
> In dem Geschlecht – Ich will in meinem Beisein
> Nichts von der Schwäche des Geschlechtes hören."

Das mag zunächst nach der für Elisabeth so charakteristischen eitlen Selbstdarstellung klingen; zumal sie die Stärke nicht durchhalten kann, sondern sich gelegentlich selbst als „ein wehrlos Weib" bemitleidet, das sich allein gegen eine Welt behaupten müsse (IV,10,3220 f.). Doch es steckt mehr dahinter, und zwar ein für Elisabeth zentrales Problem. Sie selbst reflektiert diese Problematik in der Szene der französischen Werbung (II,2,1169 ff.):

> „Es [das Volk] zeigt mir dadurch an, dass ich ihm nur
> Ein Weib bin, und ich meinte doch, regiert
> Zu haben, wie ein Mann und wie ein König.
> Wohl weiß ich, dass man Gott nicht dient, wenn man
> Die Ordnung der Natur verlässt, und Lob
> Verdienen sie, die vor mir hier gewaltet,
> Dass sie die Klöster aufgetan und tausend
> Schlachtopfer einer falschverstandnen Andacht
> Den Pflichten der Natur zurückgegeben.
> Doch eine Königin, die ihre Tage
> Nicht ungenützt in müßiger Beschauung
> Verbringt, die unverdrossen, unermüdet
> Die schwerste aller Pflichten übt, *die* sollte
> Von dem Naturzweck ausgenommen sein,
> Der *eine* Hälfte des Geschlechts der Menschen
> Der andern unterwürfig macht – "

Männliche Regentschaft

Dreimal beruft sich Elisabeth in dieser Passage auf die Ordnung der Natur, die hinsichtlich der Rolle als Frau eine Gleichheit zwischen Königin und Bürgerweib herstelle (V. 1207 f.) und aus der sie vergeblich auszubrechen versuche. Das besagt: Elisabeth kann ihrer Rolle als Königin nur gerecht werden, indem sie unnatürlich ist, auf die Erfüllung ihres Lebens als Frau verzichtet. Dem entspricht Shrewsburys Erklärung für die Stärke Elisabeths (II,3,1377 ff.): Das Unglück sei ihr die strenge Schule gewesen, die sie durch Entbehrung und Gefahr zu männlicher Pflichterfüllung herangebildet habe. Wirklich ge-

Die Rolle der Königin erzwingt Verzicht auf Weiblichkeit

lebt aber, als Frau gelebt, hat sie nicht – im Gegensatz zu Maria, so muss man Shrewsbury verstehen.

Elisabeths Frustration

Entsprechend äußert sich Elisabeth selbst in II,9, der Szene, in der sie sich von Leicester zur Begegnung mit Maria überreden lässt (wobei dies allerdings eine Szene ist, in der sie heuchelt):

> „Hätt ich doch auch Ansprüche machen können,
> Des Lebens mich, der Erde Lust zu freun,
> Doch zog ich strenge Königspflichten vor.
> Und doch gewann sie aller Männer Gunst,
> Weil sie sich nur befliss, ein Weib zu sein,
> Und um sie buhlt die Jugend und das Alter.
> So sind die Männer. Lüstlinge sind alle!"
> V. 1982 ff.

Und sie beklagt ihre Rolle:

> „Ich darf ja
> Mein Herz nicht fragen. Ach! das hätte anders
> Gewählt. Und wie beneid ich andre Weiber,
> Die das erhöhen dürfen, was sie lieben."
> V. 1969 ff.

Das Pendant dazu ist Mortimers verächtliche Zurückweisung der „falschen, gleisnerischen" Elisabeth in seinem Monolog II,6:

> „Das *eine* Höchste, was das Leben schmückt,
> Wenn sich ein Herz, entzückend und entzückt,
> Dem Herzen schenkt in süßem Selbstvergessen,
> Die Frauenkrone hast du nie besessen,
> Nie hast du liebend einen Mann beglückt!"
> V. 1652 ff.

Elisabeth ist in ihrer Selbstfindung nicht nur dadurch beeinträchtigt, dass die Entscheidung für Macht und Realpolitik die Ausbildung der moralischen Persönlichkeit verhindert, sondern auch dadurch, dass sie als machtbewusste Politikerin sich der von männlichen Rollenklischees dominierten politischen Welt anpasst (wohl auch anpassen muss). Ihr Problem ist es, dass sie dabei doch nicht von den natürlichen „Ansprüchen" einer Frau absehen kann; die unterdrückten weiblichen Gefühle brechen immer wieder durch. Daher ihre Heuchlerei (mit der sie die weibliche Schwäche bemäntelt), die eitle Selbstdarstellung (mit der sie ihr Versagen als Frau kom-

Durchbruch der unterdrückten weiblichen Gefühle

pensiert); daher die verhängnisvolle Verschiebung von der Begegnung mit der politischen Gegnerin zum Schönheitswettbewerb.

Marias Versagen in der Realpolitik

Maria andererseits ist eine echte Frau. Doch auch sie ist (vor dem Schluss-Akt) keine ganze, vollkommene Persönlichkeit. Denn sie versagt ja in der politischen Welt, in die sie als Königin gestellt ist; versagt nicht nur, indem sie Macht und Leben verspielt, sondern vor allem auch darin, dass sie schwere Schuld auf sich lädt. Erst im Tode wächst sie über die Beschränkungen hinaus und findet zu der Harmonie von physischer und moralischer Existenz.

Unvereinbarkeit von Weiblichkeit und Politik

Es scheint, dass in der realen politischen Welt, wie Schiller sie in *Maria Stuart* darstellt, Weiblichkeit und politische Macht sich nicht vereinbaren lassen. Bei dem Versuch der Vereinigung entstehen gespaltene Persönlichkeiten.

> „Keiner der beiden Frauen ist eine Synthese gelungen. Vernachlässigt Elisabeth die Frau in der Regentin, so hat Maria Stuart die Regentin in der Frau vernachlässigt. Wird Elisabeth durch eine männliche Berufsethik in der patriarchalischen Öffentlichkeit hoffähig, aber auch ihrer weiblichen Anziehungskraft beraubt, so besitzt Maria Stuart diese Anziehungskraft im Übermaß, freilich zu ihrem moralisch-politischen, gewissermaßen beruflichen Nachteil."
> (Sautermeister, 1992, S. 298 f.)

Die dramatische Bauform

Geschlossene Dramenform; klassische Struktur	**Die dramatische Bauform** ➟ *Maria Stuart* ist durch den streng strukturierten Bau das Muster eines Dramas der geschlossenen Form. ➟ Merkmale der klassischen Strukturierung: - Blankvers, Stilhöhe der Sprache, Personen von hohem Stand, Konzentration der Zeit, Fünf-Akte-Schema, - Antithetische Symmetrie und symbolischer Wert der Schauplätze. ➟ Züge des klassischen Kunstwillens Schillers: Primat der Handlung, analytische Methode, Ausgehen von einem prägnanten Moment, Handlung drängt auf das Ende hin.

Maria Stuart als Meisterwerk dramatischer Technik

Schillers *Maria Stuart* gilt wegen des konzentrierten und klar strukturierten Baus als ein Meisterwerk dramatischer Technik. Das „Trauerspiel“ (so der Untertitel) ist das regelmäßigste von Schillers Dramen; das soll auch heißen, dass es am genauesten den Regeln entspricht, die vor allem vom französischen Klassizismus (Corneille, Racine) für die Tragödie aufgestellt worden sind. Zu diesen klassizistischen Normen gehören vor allem die Regeln von den „drei Einheiten“ (die man zu Unrecht aus der *Poetik* des Aristoteles herleitete), nämlich die Forderung nach der Einheit von Zeit, Raum und Handlung, sowie die Ständeklausel, d. h. die seit dem Barock (in gewaltsamer Auslegung antiker Poetiken) erhobene Forderung, dass in der Tragödie die Personen von hohem Stand sein müssten. Außerdem werden von den Klassizisten Vers und eine stilisierte Sprache hohen Niveaus als verpflichtend betrachtet.

„Drei Einheiten“

In seiner metrischen Form und in seiner Stilhöhe entspricht Schillers Trauerspiel diesen Normen (vgl. S. 89 ff.). Dass die handelnden Personen gemäß der Ständeklausel von hohem Stand sind, dass kein Bürgerlicher eine Rolle spielt, war für Schiller durch die Wahl des historischen Stoffs gegeben (wie in der Mehrzahl seiner Stücke). Auch die Konfliktthemen – Staats- und Liebesangelegenheiten – sind der Norm entsprechend standesgemäß.

Ständeklausel

Konzentration der Zeit

Was die Zeit angeht, so fühlt sich Schiller zwar nicht an die von strengen Auslegern der Regel genehmigten 24 Stunden gebunden; aber er konzentriert doch die Handlung auf drei Tage (vgl. die Übersicht unten). Die dramatische Ballung der Zeitverhältnisse ist Voraussetzung für die von Schiller angestrebte „Präzipitation" der Handlung, d. h. für den unaufhaltsam raschen Ablauf der Ereignisse.

1. Tag

Akt I: Fortlaufende Zeit von den Eingangsszenen über die Mortimer-Szene bis zu den Burleigh-Szenen.

2. Tag

Die Akte II–IV bilden eine zeitliche Einheit; dass dies der auf den I. Akt folgende Tag ist, sagt Hanna in V. 2130.

Akt II: Französische Werbung und Staatsratssitzung am Morgen; anschließend die Mortimer-Szenen und das Gespräch zwischen Elisabeth und Leicester.

Akt III: Am gleichen Tag, etwas später, die Jagd in Fotheringhay (V. 2059) und also auch die Begegnung der Königinnen; auf dem Rückweg gegen Abend der Mordanschlag auf Elisabeth.

Akt IV: Noch an demselben Tag (an dem Shrewsbury die Königin gerettet hat; vgl. V. 3108) der Glückwunsch der Franzosen, der Streit zwischen Leicester und Burleigh, Mortimers Tod sowie das Ringen um die Unterschrift unter das Todesurteil, die spät abends erfolgt.

3. Tag

Akt V: Die Hinrichtung Marias am nächsten Morgen (V. 3961); die Schluss-Szenen mit Elisabeth gegen Abend (V. 3877).

Symmetrie der Schauplätze

Die Wahl der Schauplätze wird durch die streng symmetrische Antithetik der Struktur des Stücks bestimmt. Die feindlichen Königinnen werden aktweise in regelmäßigem Wechsel vorgeführt; nur in der Mitte, im III. Akt, stoßen sie in direkter Konfrontation aufeinander. Der V. Akt muss die genaue Symmetrie notgedrungen aufgeben, um den Ausgang des Dramas sowohl für Maria als auch für Elisabeth darstellen zu können. Der Szenenwechsel im IV. Akt ist relativ unerheblich.

Akt I	Maria	Fotheringhay
Akt II	Elisabeth	Westminster
Akt III	Maria/Elisabeth	Park zu Fotheringhay
Akt IV	Elisabeth	Westminster
Akt V	Maria	Fotheringhay (Szenen 1–10)
	Elisabeth	Westminster (Szenen 11–15)

Symbolwert der Schauplätze

In der Tragédie classique oder im Drama der geschlossenen Form ist der Raum eigentlich „qualitätslos“ (Klotz, [8]1976 S. 45), d.h., er wirkt „nicht aktiv auf Handlungsfluss, dramatische Zeit und Personen“ ein (ebd., S. 46). Demgegenüber hat die Wahl der Schauplätze in *Maria Stuart* durchaus symbolische Bedeutung. Der Gegensatz von Gefängnis und Herrschaftspalast spiegelt den Gegensatz von völliger Ohnmacht und politischer Macht wider. Der III. Akt aber, der die von Maria als Mittel der Befreiung ersehnte Begegnung der Königinnen zeigt, spielt zwar in Fotheringhay, doch nicht in Marias Gefängnis, sondern im Freien, in einem Park. Die Wahl des Ortes suggeriert eine illusionäre Hoffnung; und die Bühnenanweisung bekräftigt das mit einer Formulierung von tragischer Ironie: „hinten eine weite Aussicht“. Symbolischen Wert hat auch die in antithetischer Symmetrie angeordnete Verwandlung der Schauplätze. Maria sieht man zu Beginn in äußerster Vereinsamung und Erniedrigung. Im V. Akt erweist sich jedoch derselbe Raum („Die Szene ist das Zimmer des ersten Aufzugs“)

als Ort des moralischen Triumphs, was durch die freilich vom Tode überschattete Rückkehr ihrer Diener, durch die Feierlichkeit und durch die Kostbarkeit der Ausstattung unterstrichen wird. Elisabeth dagegen erscheint zuerst, am Anfang des II. Akts, in der ganzen Prachtentfaltung und Macht des königlichen Hofes; in den Schluss-Szenen steht sie isoliert da. Diese Umkehrung der Verhältnisse veranschaulicht die Existenz des Menschen unter der Herrschaft des Scheins und entlarvt diesen Schein.

Zielstrebigkeit der Handlung

Deutlicher noch als die Zeit- und Raumstruktur entspricht die Strukturierung der Handlung in ihrer Einheitlichkeit und Konzentration den Idealen der geschlossenen Dramenform. Alle Geschehnisse führen unausweichlich auf den Vollzug des Todesurteils hin; die Begegnung der Königinnen, ein retardierendes und Hoffnung weckendes Motiv, beschleunigt im desillusionierenden Ergebnis den Untergang. Einzelschicksale wie das Mortimers und Leicesters sind als integrale Bestandteile mit der Haupthandlung verflochten.

Fünf-Akte-Schema

Der Ablauf des Geschehens vollzieht sich in den fünf Stufen der klassischen Fünf-Akte-Anordnung. Das Schema auf S. 86 charakterisiert diese Stufen mit Stichworten aus Gustav Freytags seinerzeit sehr einflussreicher *Technik des Dramas* (1863).

Die bisher als den Regeln entsprechend beschriebenen Strukturzüge von *Maria Stuart* sind durchaus keine Selbstverständlichkeit. Die Dramen des Sturm und Drang etwa haben in revolutionärem Protest gegen erstarrte Formen all diese Regeln verworfen. Von Schillers frühen Dramen verstößt mindestens das „bürgerliche Trauerspiel“ *Kabale und Liebe* eindeutig gegen die Ständeklausel; die Dramen vor *Don Karlos* sind in Prosa geschrieben; die Handlung dauert in den *Räubern* ungefähr zwei Jahre; und die Schauplätze sind in den *Räubern* oder in Goethes *Götz von Berlichingen* über Deutschland verteilt.

Offene und geschlossene Form des Dramas

Eine solche Regellosigkeit ist aber keine Eigenart nur des Sturm und Drangs. Volker Klotz hat gezeigt, dass die geschlossene Form (beispielsweise von *Maria Stuart*) und die offene Form (etwa der Sturm-und-Drang-Dramen) zwei unterschiedliche Grundtypen des Dramas sind.

Das Fünf-Akte Schema in *Maria Stuart*

III. Akt: Höhepunkt
Gipfelszene: Die große zweiteilige Gartenszene. Zweite große Szene: Der Ausbruch von Mortimers Leidenschaft zu Maria.

II. Akt: Steigerung
Vorstellung der Personen des Gegenspiels;
Steigerung in drei Stufen:
- Kampf der Höflinge und Maria;
- Mortimer/Elisabeth und Mortimer/Leicester;
- Verlockung Elisabeths durch Leicester, Maria zu sehen.

IV. Akt: Umkehr
Tod Mortimers; Verrat Leicesters; Kampf um das Todesurteil und dessen Unterzeichung.

I. Akt: Exposition
Aufbrechen der Schränke;
Bekenntnisse Marias (Vorgeschichte);
Eintritt Mortimers; große Szene Marias mit Burleigh.

V. Akt: Katastrophe
Marias Erhebung und Tod;
Leicesters Katastrophe als Übergang zu der Hauptkatastrophe: Vergeltung an Elisabeth.

Übrigens war die geschlossene Form auch für den späten Schiller keineswegs verbindlich. Neben den mehr oder weniger geschlossenen Dramen *Wallenstein* (1800), *Maria Stuart* (1801) und *Die Braut von Messina* (1803) stehen die offenen Dramen *Die Jungfrau von Orleans* (1802) und *Wilhelm Tell* (1804). *Wilhelm Tell* beispielsweise hat eine sehr große Anzahl von nichtadligen Personen, eine große Zahl häufig wechselnder Schauplätze und mehrere parallel laufende Handlungsansätze.

Maßstab des klassischen Kunstwillens: die griechische Tragödie

Die Beschränkung von *Maria Stuart* auf die Strenge der geschlossenen Form ist Programm. Schiller hat dieses Stück bewusst als Exempel klassischer Kunstvorstellung konzipiert. Richtungsweisendes Vorbild ist dabei aber nicht der französische Klassizismus (gegen den Schiller erhebliche Vorbehalte hatte), sondern die Tragödie der Antike. Schon während der – *Maria Stuart* vorausgehenden – Arbeit am *Wallenstein* hat sich Schiller in seinem Briefwechsel mit Goethe intensiv mit den Eigenarten dramatischer und epischer Dichtung, wie sie sich an den großen griechischen Mustern ablesen lassen, auseinandergesetzt. Die dramentechnischen Probleme, um die es dabei ging, waren ganz andere als etwa die drei Einheiten. Es ging vielmehr um Themen wie: Primat der Handlung, Bewältigung der Stoffmenge, tragische „Analysis", prägnanter Augenblick, Präzipitation der Handlung, Retardation und tragische Ironie.

Primat der Handlung

Analytische Methode

Schiller hat in seiner klassischen Zeit immer wieder betont, dass in einem Drama nicht der Charakter des Helden und nicht der moralische Gehalt das Wesentliche sei, „sondern die Handlung allein" (Brief an Körner, 13. Juli 1800). Deshalb ist es sein erstes Anliegen, die Stoffmenge so zu organisieren, dass die Handlung rasch und zügig in Gang kommt. Die Technik, die Schiller dafür benutzt, ist die „Analysis" oder „analytische Methode" (er sagt auch „Euripidische Methode"), die er in einem Brief an Goethe vom 18. Juni 1799 folgendermaßen erläutert:

> „Darunter gehört besonders, daß man die Katastrophe gleich in den ersten Szenen sieht und, indem die Handlung des Stücks sich davon wegzubewegen scheint, ihr immer näher und näher geführt wird."

Schiller brachte die gesamte Vorgeschichte (die vielen Ereignisse und Verhältnisse in Schottland und in England, die für Marias Schicksal bestimmend waren) in den Streit- und Bekenntnisszenen des I. Aktes unter (andere Dramatiker brauchten dazu die Entfaltung in einer Dramen-Trilogie), und er wählte als „prägnanten Moment“ die Verkündung des Todesurteils, das nun auf Vollzug drängt. „Prägnant“ (gewissermaßen handlungsschwanger) ist in Schillers Terminologie der Moment, in dem „die nötigen Requisiten sich zusammenfinden“ oder „parat liegen“, um die Handlung in Gang zu setzen.

Prägnanter Moment

Dabei geht es darum, die Handlung von Anfang an in eine solche Richtung zu bringen, dass sie in stetiger und beschleunigter Bewegung ihrem Ende entgegendrängt (vgl. den Brief vom 2. Oktober 1797 an Goethe über den *Wallenstein*). Das extreme Gegenmodell zu diesem Ideal der Unaufhaltsamkeit des dramatischen Geschehens wäre das „epische Theater“ Bertolt Brechts.

Handlung drängt auf das Ende hin

Nicht behindert, sondern eher gefördert wird die Präzipitation durch retardierende Elemente. Solche Elemente sind hier die Hoffnung auf Rettung, die durch das Auftreten Mortimers geweckt wird; vor allem aber die Hoffnungen, die Maria selbst und dann Leicester auf das Treffen der Königinnen setzen – das in seinem Ergebnis die Katastrophe nur beschleunigt. Das ist die Technik der illusionserzeugenden Verzögerung und der dramatischen Ironie.

Retardierende Elemente

Dramatische Ironie

Sprache und Vers

Sprache und Vers

- *Maria Stuart* ist ein Versdrama in Blankversen. Sinn der Versform ist die Idealisierung des Realistischen.
- Gefühlsbedingte Abweichungen vom Blankvers-Schema:
  - Freie metrische Formen, z.B. in der Parkszene,
  - Versverkürzungen mit Ausdruckswert,
  - Reime in stark emotionalen Szenen.
- Rhetorische Stilmittel in den Streitszenen: Stichomythie, Antithese, Anapher, Trikolon, variierende Wiederholung, intensitätssteigernde Beiwörter.
- Sentenzenreichtum.
- Bildmotive: für Maria der Bereich des Feuers, für Elisabeth der des Verhüllens.

Versdrama; rhetorischer Stil

Nach der Sturm-und-Drang-Prosa seiner Jugenddramen (von den *Räubern* bis *Kabale und Liebe*) ist Schiller im *Don Karlos* (1787) zu Versen übergegangen. In der Tradition Shakespeares und in Abgrenzung gegen die französische Alexandriner-Tragödie wählte man den Blankvers zum deutschen Dramenvers, d. h. einen fünfhebigen jambischen Vers ohne Reim. In Blankversen ist auch *Maria Stuart* geschrieben. Die Stilisierung des Dramas durch den Vers, die zunächst wie eine literarische Mode erscheinen mag, wurde für Schiller zunehmend zum ästhetischen Programm, nämlich „das Realistische zu idealisieren". In diesem Sinn schrieb er am 24. November 1797, als er den Prosa-Entwurf des *Wallenstein* in Blankverse umformte, an Goethe:

Blankvers als Versmaß des Dramas

Sinn der Vers-Form: Idealisierung des Realistischen

> „Ich habe noch nie so augenscheinlich mich überzeugt als bei meinem jetzigen Geschäft, wie genau in der Poesie Stoff und Form […] zusammenhängen. Seitdem ich meine prosaische Sprache in eine poetisch-rhythmische verwandle, befinde ich mich unter einer ganz anderen Gerichtsbarkeit als vorher; selbst viele Motive, die in der prosaischen Ausführung recht gut am Platz zu stehen schienen, kann ich jetzt nicht mehr brauchen; sie waren bloß gut für den gewöhnlichen Hausverstand, dessen Organ die Prosa zu sein scheint […]. Man sollte wirklich alles, was sich über das Gemeine erheben muß, in Versen […] konzipieren, denn das Platte kommt nirgends so ins Licht, als wenn es in gebundener Schreibart ausgesprochen wird. […] Der Rhythmus [d. h. nach unserem

> Sprachgebrauch: das Metrum] leistet bei einer dramatischen Produktion noch dieses Große und Bedeutende, daß er, indem er alle Charaktere und alle Situationen nach *einem* Gesetz behandelt und sie, trotz ihres inneren Unterschiedes, in *einer* Form ausführt, dadurch den Dichter und seinen Leser nötiget, von allem noch so Charakteristisch-Verschiedenen etwas Allgemeines, rein Menschliches zu verlangen."

Einheit des Stils in *Maria Stuart*

In seiner Sturm-und-Drang-Zeit kennzeichnete Schiller etwa den Musikus Miller in dem Prosadrama *Kabale und Liebe* durch seine groben Ausbrüche als einen derben, aber biederen und rechtschaffenen einfachen Mann und grenzte ihn dadurch auch sprachlich gegen die Welt des Hofes ab. Demgegenüber herrscht in dem Blankversdrama *Maria Stuart* eine außerordentliche Einheit des Stils: Charaktere und Situationen sind hier „nach *einem* Gesetz" behandelt. Die Einheit von Stil und Atmosphäre ist in dem klassischen Stück freilich schon von den Personen vorgegeben, denn diese sind ja vorwiegend Höflinge. Auch die Dienerschaft Marias gehört nach Benehmen und Sprache ganz in die höfische Welt.
Während der Arbeit an dem Stück schreibt Schiller an Goethe (3. September 1799):

„Mannigfaltigkeit im Silbenmaß"

> „Ich fange in der Maria Stuart an mich einer größeren Freiheit oder vielmehr Mannigfaltigkeit im Silbenmaß zu bedienen, wo die Gelegenheit es rechtfertigt. Diese Abwechslung ist ja auch in den griechischen Stücken [...]."

Lyrischer Stil der Parkszene III,1

Diese Äußerung wird gewöhnlich auf den Anfang des III. Aktes bezogen, wo die ekstatische Freiheitshoffnung Marias, die zum ersten Mal im Park sich ergehen darf, die Bindung des Blankverses sprengt – ein auch stilistisches Außer-sich-Sein der Heldin, das allerdings eine tragische Selbsttäuschung ist. Auch die Wahl der Bilder, der Wechsel der Wahrnehmungen und Vorstellungen, die sprachlichen Formulierungen haben einen dem normalen Sprechvers fremden lyrischen Schwung. Dieses lyrische Element wird umso hörbarer, als damit die Skepsis der Amme, die sich in regelmäßigen Blankversen äußert, metrisch scharf kontrastiert.
Zwischen den Blankversen der Amme und denen Marias stehen vier Reimstrophen mit daktylischem Grundrhythmus (die Strophen setzen deutlich daktylisch ein; im Stropheninneren gibt es Verse mit jambisch oder

anapästisch wirkendem Auftakt). Da die Szene ganz als Ausdruck einer Stimmung gestaltet ist, haben die Strophen keine feste Form. In die lyrische Formgebung ist auch Marias erste jambische Äußerung, als sie sich noch ganz der Begeisterung hingibt, einbezogen: Die Verse 2087–2097 sind gereimt und zum Teil verkürzt. Erst ab V. 2119, als Maria vernünftig mit Hanna zu argumentieren beginnt, spricht sie in regulären Blankversen. Die Szene bricht also aus der Behandlung „nach *einem* Gesetz" aus, aber nicht in Richtung auf eine realistische Prosa, sondern umgekehrt im Sinne einer stärkeren Poetisierung.

Die Parkszene ist nicht die einzige, in der sich Schiller „einer größeren Freiheit im Silbenmaß" bedient. Überlange Verse mit sechs statt fünf Hebungen gibt es nicht selten; die Abweichung fällt auch kaum auf. Bei den weniger zahlreichen Vier- und Dreihebern möchte man jedoch gestalterische Absicht vermuten, besonders wenn solche Verse aufeinanderfolgen oder in derselben Szene mehrfach auftreten. So heißt es in Mortimers Rom-Erzählung I,6,422–425:

Ausdruckswert von Versverkürzungen

„Mich selbst
Ergriff der Strom der glaubensvollen Menge,
Und riss mich in das Weichbild Roms [4 Jamben]
Wie ward mir, Königin!" [3 Jamben]

Und dann noch einmal V. 549 mit 4 Jamben: „Ich sah Euch, Königin – Euch selbst!" Hier wird geradezu hörbar, wie Mortimer vor Ergriffenheit verstummt.

Auf dem Höhepunkt der Begegnungsszene in III,4 versagt Maria angesichts der empörenden Beleidigungen Elisabeths die Sprache, und ihre Verse 2411 f. haben jeweils 4 Jamben:

ELISABETH. […] denn Ihr tötet Eure Freier,
Wie Eure Männer!
MARIA. Schwester! Schwester!
O Gott! Gott! Gib mir Mäßigung!

Gleich darauf kostet Elisabeth ihren Triumph in einer Pause aus (V. 2419 f.): „Jetzt zeigt Ihr Euer wahres / Gesicht, bis jetzt war's nur die Larve." (4 Jamben)

In III,6, der leidenschaftlichen Liebesszene Mortimers, fallen zwei Vierheber auch noch durch daktylischen

Einschlag aus der Normalität heraus (V. 2539–2541). Dazwischen steht ein Fünfheber, der aber mit einer versetzten Betonung beginnt (man wird „Unsinniger“ doch wohl auf der ersten Silbe betonen):

> MORTIMER. Wenn ich dich, Heißgeliebte, umfange –
> MARIA. Unsinniger, zurück –
> MORTIMER. An dieser Brust,
> Auf diesem Liebe atmenden Munde –

Verwendung von Reimen in *Maria Stuart*

Reimpaare am Szenenschluss

Ein ‚Regelverstoß‘, den sich Schiller in *Maria Stuart* in eindeutig gestaltender Absicht erlaubt, ist die relativ häufige Verwendung von Reimen. Üblicherweise haben Blankverse reimlos zu sein. Zulässig ist es, gelegentlich eine Szene mit einem Reimpaar zu schließen, meist mit prononcierter Aussage; so verfährt schon Shakespeare, und Schiller übernimmt diese Technik. Zum Beispiel zerstört Maria am Schluss von I,7 mit markanten Worten den Schein, hinter dem Elisabeth ihr Tun verstecken möchte (hier reimen sogar zwei Verspaare):

> „Ermorden lassen kann sie mich, nicht richten!
> Sie geb es auf, mit des Verbrechens Früchten
> Den heil'gen Schein der Tugend zu vereinen,
> Und was sie *ist*, das wage sie zu scheinen!“

Mit prononcierten oder sentenziösen Reimpaaren enden auch die Szenen I,8, II,6, II,9, III,5 und III,6. Über diese Klauselstellung hinaus dringt in *Maria Stuart* der Reim aber auch ins Innere mancher Szenen ein, und zwar immer in gefühlsbetonten, gewissermaßen lyrischen Partien; das sind vorwiegend Szenen Mortimers. Dessen Rom-Erzählung in I,6 ist von starken Stimmungen geprägt und daher auch sehr poetisch gestaltet, kommt aber noch ohne Reime aus. Doch in Mortimers Monolog II,6, nach Elisabeths Mordauftrag, erscheinen Reime in charakteristischer und charakterisierender Technik. Zunächst wenden sich Mortimers Gedanken in empörter Argumentation gegen Elisabeth; diese Passage ist reimlos. Als er aber Elisabeth und die angebetete Maria zu vergleichen beginnt, erscheinen ekstatische Reime (V. 1645–1656) in unregelmäßiger Stellung (*abbaccaddeed*). Dann besinnt er sich auf den „verhassten Auftrag“, mit Leicester Kontakt aufzunehmen: Hier stehen drei prosaische Blankverse. Am Szenenschluss aber folgt

Mortimers Monolog II,6

noch ein Reimpaar, in dem sich zum ersten Mal Mortimers rasende Vermessenheit äußert: „Ich selber kann sie retten, ich allein, / Gefahr und Ruhm und auch der Preis sei mein!“

Mortimers Liebeserklärung III,6

Noch konstitutiver für die gesamte Szene sind die Reime in III,6, Mortimers letzter Begegnung mit Maria, als er in Liebesraserei außer sich gerät. Nach ‚prosaischem‘ Beginn dringen die Reime immer mehr in seine Sprechzeilen ein. Und wie Maria sich in dieser Szene kaum noch des rasenden Liebhabers erwehren kann, so kann sie sich nicht dagegen wehren, dass er ihre Sprechzeilen mit einem Reim beantwortet, so etwa V. 2527 f. Zweimal gerät Maria in der Ekstase ihrer Verzweiflung auch selbst in die Reimbindung hinein (V. 2549–2553 und am Szenenschluss).

Reime in anderen Szenen

Teilweise gereimt sind auch Mortimers letzte Worte vor dem Selbstmord (V. 2799–2820). In Marias Passagen erscheint die stimmungshaltige Reimbindung außer in III,1 vor allem im zweiten Teil der Beichtszene V,7: Ab V. 3688 treten, mit Unterbrechungen, immer wieder Reime auf; auch Melvil hat an dieser Poetisierung teil. Gereimt sind schließlich der Schluss der Abschiedsworte Marias an Leicester, V,9, und ein Teil von Leicesters Monolog bei Marias Hinrichtung, V,10,3847–3862. Das innere Ringen der verzweifelten Selbstanklage findet in der lyrischen Form seine Gestalt. Als Leicester gehetzt auf die von außen auf ihn eindringenden Geräusche reagiert, bleibt für die Reimbindung keine Zeit mehr.

Mit dem Reim verwendet Schiller ein ‚modernes‘ Stilmittel, das – in der Zeit um 1800 – vielleicht auf die Romantik vorausweist, jedenfalls nicht auf die Antike Bezug nimmt, auf die sich Schiller in den Briefen an Goethe mehrfach beruft; das antike Drama kannte keinen Reim. Doch Schiller hat auch Techniken der griechischen Tragödie übernommen. Zu nennen ist vor allem die Stichomythie: ein Dialog mit schneller, versweise zwischen zwei Personen wechselnder Rede und Gegenrede. Die Stichomythie führt in schärfster Kontrastierung und sehr pointierter Formulierung den Streit unterschiedlicher Positionen vor. Muster einer Stichomythie ist die Auseinandersetzung zwischen Leicester und Mortimer in II,8,1868 ff., wo die Antithetik sogar die Einzelheiten der Wortwahl prägt.

Stichomythie

LEICESTER. Junger Mann, Ihr seid zu rasch
In so gefährlich dornenvoller Sache.
MORTIMER. Ihr – sehr bedacht in solchem Fall der Ehre.
LEICESTER. Ich seh die Netze, die uns rings umgeben.
MORTIMER. Ich fühle Mut, sie alle zu durchreißen.
LEICESTER. Tollkühnheit, Raserei ist dieser Mut.
MORTIMER. Nicht Tapferkeit ist diese Klugheit, Lord.
LEICESTER. Euch lüstet's wohl, wie Babington zu enden?
MORTIMER. Euch nicht, des Norfolks Großmut nachzuahmen.
LEICESTER. Norfolk hat seine Braut nicht heimgeführt.
MORTIMER. Er hat bewiesen, dass er's würdig war.
LEICESTER. Wenn *wir* verderben, reißen wir sie nach.
MORTIMER. Wenn wir uns schonen, wird sie nicht gerettet.

Wenn man den Begriff Stichomythie etwas weiter fasst und auch den Wechsel von Zweizeilern oder von Halbversen oder den Wechsel im Verhältnis ½ zu 1½ einbezieht, finden sich in *Maria Stuart* verschiedene mehr oder weniger streng ausgeführte Ansätze zu Stichomythien; so gleich in der Streitszene I,1, in IV,2 bei der Ausweisung Aubespines durch Burleigh oder in IV,11 im Ringen Davisons mit Elisabeth.

Rhetorische Stilisierung

Die Stichomythie ist nur eine Form der politischen oder juristischen Debatte, des Streites, der für den Stil der *Maria Stuart* charakteristisch ist. Die Sprache des Dramas ist aufs Äußerste stilisiert und durch den ausgiebigen Gebrauch rhetorischer Mittel charakterisiert:

> „Die Personen reden nicht, sondern halten Reden, argumentieren nicht, sondern schmücken Argumente aus, bekämpfen einander nicht, sondern führen die Waffen der Rhetorik ins Feld: die Wiederholung, die Variation, den Parallelismus, die Steigerung, die Sentenz. Die […] Intellektualität des Dramas ist von rhetorischer Pracht, die im Bunde mit der üppigen Bildersprache den Streitgesprächen Sinnlichkeit verleiht. Die Streitenden ziselieren ihre Reden für ein Forum – das Theaterpublikum wird zur richtenden Öffentlichkeit, die der ‚Redekunst' von Kläger und Angeklagtem (z. B. Burleigh versus Shrewsbury) beiwohnt. Der prozessuale Charakter zahlreicher Auftritte gestattet es den Personen, die Logik ihrer Argumentation mit plastischer Anschaulichkeit zu Gehör zu bringen." (Sautermeister, 1992, S. 327)

Eine rhetorisch besonders ausgefeilte Passage ist die Rede, mit der Maria ihre Auseinandersetzung mit Burleigh beschließt (I,7,961 ff.):

> „Ich bin die Schwache, sie die Mächt'ge – Wohl!
> Sie brauche die Gewalt, sie töte mich,
> Sie bringe ihrer Sicherheit das Opfer.
> Doch sie gestehe dann, dass sie die Macht
> Allein, nicht die Gerechtigkeit geübt.
> Nicht vom Gesetze borge sie das Schwert,
> Sich der verhassten Feindin zu entladen,
> Und kleide nicht in heiliges Gewand
> Der rohen Stärke blutiges Erkühnen.
> Solch Gaukelspiel betrüge nicht die Welt!
> Ermorden lassen kann sie mich, nicht richten!
> Sie geb es auf, mit des Verbrechens Früchten
> Den heil'gen Schein der Tugend zu vereinen,
> Und was sie *ist,* das wage sie zu scheinen!"

Antithetik

Deutlich ist, wie eine durchgehende Antithetik die Art des Argumentierens (und wohl auch des Denkens) bestimmt: *die Schwache – die Mächt'ge, Macht – Gerechtigkeit, Gesetz – Schwert, heilig – roh* und *blutig, ermorden – richten, Verbrechen – Schein der Tugend.* Hier zielt diese Antithetik von vornherein auf den effektvoll pointierten Schluss, der die Verlogenheit Elisabeths entlarven will, auf den Gegensatz von Sein und Scheinen-Wollen; jedoch ist das Argumentieren in Antithesen charakteristisch für den Stil des gesamten Stücks. Typisch für den rhetorischen Stil sind auch die Verse 962 f.: eine Anapher (die Wiederholung des gleichen Einleitungsworts: *sie – sie – sie*), die ein Trikolon zusammenbindet (einen dreigliedrigen Satz), in dem in drei Varianten dasselbe gesagt wird. Ein ähnliches Trikolon (hier ohne Anapher) folgt V. 966 ff.: *nicht – nicht – nicht,* wobei dieselbe Aussage diesmal leicht variiert wird (juristisch, religiös und abstrakt-wertend formuliert). Beide Stilelemente, Antithetik und variierende Wiederholung, wollen die Intensität der Argumentation durch affektive Aufladung der Rede verstärken.

Anapher und Trikolon

Variierende Wiederholung

Affektive Aufladung der Sprache

Ähnliches intendieren die Sprachbilder. „Mit den Früchten des Verbrechens den Schein der Tugend vereinen" oder „Das Erkühnen der Stärke in ein Gewand kleiden" – das sind keine geschauten Bilder. Es entsteht kein einheitlicher visueller Eindruck, sondern eine Reihe von Einzelvorstellungen wendet sich appellierend an

Bildgebrauch – nicht visuell, sondern appellativ

Intensitätssteigernde Beiwörter

das Gefühl. Hinzu kommt die Vorliebe für Adjektiv-Attribute. Das „blutige“ Erkühnen der „rohen“ Stärke soll nicht in ein „heiliges“ Gewand gekleidet werden. Die Rhetorik spricht von einem Epitheton ornans, einem „schmückenden“ Beiwort. Beabsichtigt ist aber offensichtlich nicht Ausschmückung, sondern Intensität, Eindringlichkeit der appellativ-argumentierenden Einzelvorstellungen.

Sentenzen

Neben diesen an die Affekte gerichteten Stilmitteln erscheinen immer wieder pointiert-knappe, sentenzartige Formulierungen, die durch ihre thesenhafte Zuspitzung wirken und im Gedächtnis haften. Oft stehen solche Sätze am Szenenschluss, wie in I,7 die Konfrontation von Sein und Schein; ähnlich am Ende von I,3, I,8 oder II,5. Aber auch innerhalb von Szenen gibt es solche sentenzenhafte Formulierungen, z. B. :

MARIA. Man kann uns niedrig
Behandeln, nicht erniedrigen.
(V. 155)

TALBOT. Nicht Stimmenmehrheit ist des Rechtes
Probe […].
(V. 1323)

TALBOT. Denn ein gebrechlich Wesen ist das Weib.
(V. 1373)

ELISABETH. So sind die Männer. Lüstlinge sind alle!
(V. 1988)

Stil-Nuancen

Wenn auch die Sprache des Dramas im Ganzen einheitlich rhetorisch ist, so gibt es doch deutliche Nuancen. Man kann z. B. an der Burleigh-Maria-Szene I,7 beobachten, wie viel energischer, zupackender die Rhetorik Burleighs ist als der affektgeladene Stil Marias. Die Mortimer-Szenen erscheinen nicht nur durch die Tendenz zum Reim, sondern auch in ihrem Stil oft lyrisch (die Rom-Erzählung in I,6 wurde mit einer „Arie der Oper“ verglichen). Der hektische, fast handgreifliche Streit in der Eingangsszene des I. Aktes und die leidvoll-feierliche Stimmung zu Beginn des V. Aktes unterscheiden sich auch sprachlich in Tempo, Rhythmus und Syntax. Und wieder eine andere stilistische Atmosphäre herrscht beispielsweise am Anfang des III. Akts, wo Marias freudigbefreite Begeisterung auf die ernüchternden Warnungen der Amme stößt.

Motivbereich des Feuers für Maria

Hinzuweisen ist noch auf zwei Bild- oder Motivbereiche, die in symbolischer Funktion sich durch das gesamte Stück ziehen. Maria wird immer wieder mit Bildern aus dem Bereich des Feuers in Verbindung gebracht. Sie schleudert „die Fackel des Bürgerkrieges in das Reich" (Paulet, V. 65 f.), sie will „das Reich entzünden, durch die Flammen / Des Bürgerkriegs zum Throne steigen" (Burleigh, V. 840 f.), sie ist „die Ate [Unheils-Göttin] dieses ew'gen Krieges, die mit / Der Liebesfackel dieses Reich entzündet" (Burleigh, V. 1281 f.). Zu dem Verderben bringenden Feuer gehört aber auch die Liebesglut: Im „Wahnsinn blinder Liebesglut" für Bothwell hat Maria ihren Gatten ermorden lassen (Kennedy, V. 325), ihre Wangen „glühen vom Feuer des Verlangens" (Kennedy, V. 341), und „glühend, wie sie hassen, lieb ich dich!" ruft Mortimer aus (V. 2554). Es ist ja eben das Verhängnis Marias, „heftige Passionen zu erfahren und zu entzünden" (vgl. S. 42).

Motivbereich des Verhüllens für Elisabeth

Der andere Motivbereich, nicht ganz so deutlich ausgeprägt, bezieht sich auf Elisabeth: Es ist die Vorstellung des Verhüllens, des Verbergens im Dunkeln. Dass Elisabeth „in heiliges Gewand / Der rohen Stärke blutiges Erkühnen" kleiden will, hat ihr Maria V. 968 f. vorgeworfen. In II,4 spricht sie von dem „Ehrenmantel", womit Elisabeth „gleißend / Die wilde Glut verstohlner Lüste deckt" (V. 2428 f.). Als Elisabeth Mortimer zum Mord anstiften will, sagt sie selbst: „Bei solchen Taten doppelter Gestalt / Gibt's keinen Schutz als in der Dunkelheit" (V. 1606 f.). Und im Monolog IV,10 beschreibt sie ihre Lage: „Mit hohen Tugenden / Muss ich die Blöße meines Rechts bedecken!" (V. 3221 f.).

Maria Stuart im Zusammenhang von Schillers Gesamtwerk

Drama der Klassik	**Maria Stuart im Zusammenhang von Schillers Gesamtwerk** ➞ In Schillers frühen Sturm-und-Drang-Dramen ging es um den leidenschaftlichen Einsatz für physische Freiheit. Diese Dramen fanden begeisterte Aufnahme. ➞ In der klassischen *Maria Stuart* geht es um ideelle Freiheit. Das Publikum soll nicht begeistert, sondern geläutert werden. ➞ Charakteristika des klassischen Dramas: Objektivierung, Ideendramatik, strenge Struktur, hoher (nicht naturalistischer) Stil. ➞ Bedingungen für Schillers Wandel zur Klassizität: - Das Studium der Philosophie Kants und der Versuch, die Antithetik von Pflicht und Neigung im Zeichen von „Schönheit" und „Anmut" zu überwinden. - Das Bündnis mit Goethe. - Abkehr von der Französischen Revolution und von der Hoffnung auf eine Revolutionierung der Realität. ➞ Schiller hat in *Maria Stuart* verschiedene historische Fakten ausgelassen, um das Drama zu entpolitisieren und ein negatives Geschichtsbild zu erzielen. ➞ Die Abkehr der Weimarer Klassik von der Politik ist nicht als Wechsel des Ziels zu verstehen, sondern nur als Wechsel der Methode: Es geht jetzt um die „ästhetische Erziehung des Menschen".

„Durch Schillers alle Werke […] geht die Idee von Freiheit, und diese Idee nahm eine andere Gestalt an, so wie Schiller in seiner Kultur weiter ging und selbst ein Anderer wurde. In seiner Jugend war es die physische Freiheit, die ihm zu schaffen machte und die in seine Dichtungen überging; in seinem spätern Leben die ideelle." (Goethe zu Eckermann, 18. Januar 1827)

Die Sturm-und-Drang-Bewegung

„Freiheit" war ein zentraler Wert der Jugendbewegung des Sturm und Drangs – Freiheit in gesellschaftlich-politischer, persönlicher und künstlerischer Hinsicht. Man revoltierte gegen die einseitige Fixierung auf eine überschätzte Vernunft und gegen die Erstarrung in angeblich vernunftbegründeten, objektiven Normen, aber auch gegen Fürstenwillkür und Tyrannei. Man forderte das Recht auf Entfaltung der Persönlichkeit, forderte Gleichberechtigung und Menschenrechte.

Schillers Jugenddramen

Ganz im Zeichen des Sturm und Drangs stehen Schillers Jugenddramen: *Die Räuber* (1781/82), *Die Verschwörung des Fiesko zu Genua* (1783), *Kabale und Liebe* (1784). Der drei Jahre später abgeschlossene *Don Karlos* zeigt schon deutliche Züge des Strebens nach Klassizität.

Die Räuber

In all diesen Dramen geht es um das, was Goethe „physische Freiheit" nennt. „In tirannos", „gegen die Tyrannen", steht auf dem Titelblatt der *Räuber*; und das Motto heißt: „Was Arzneien nicht heilen, heilt das Eisen; was das Eisen nicht heilt, heilt das Feuer." Mit Feuer und Schwert geht Karl Moor gegen das konventionelle Recht vor und gegen eine Gesellschaft, in der sein heimtückisch intriganter Bruder Franz die Oberhand behält.

Kabale und Liebe

Das bürgerliche Trauerspiel *Kabale und Liebe* betont mit seiner Auflehnung gegen die Standesunterschiede die sozialrevolutionären Züge besonders stark. Es prangert die moralische Verkommenheit, die Günstlings- und Mätressenwirtschaft, die Liebesdienerei von Hof und Adel leidenschaftlich an und konfrontiert sie mit dem rechtschaffenen, wenn auch etwas engen Bürgertum.

Don Karlos

In *Don Karlos* treten Karlos und Marquis Posa mit ihrem Kampf für das fortschrittliche Bürgertum der Niederlande, für Gedankenfreiheit und bürgerliche Rechte gegen das überholte absolutistische System Philipps II. an. Die Revolte der Schiller'schen Jugenddramen ist stark emotional und spontan; es geht nicht um das rationale Entwickeln von Ideen, sondern mehr um die Haltung glühender Begeisterung und leidenschaftlichen Protests.

Rezeption der Sturm-und-Drang-Dramen

Die Leidenschaft des Protests fand beim Publikum enthusiastische Resonanz. Über die zündende Wirkung der Erstaufführung der *Räuber* 1782 in Mannheim berichtet ein Augenzeuge:

> „Das Theater glich einem Irrenhaus, rollende Augen, geballte Fäuste, heisere Aufschreie im Zuschauerraum! Fremde Menschen fielen einander schluchzend in die Arme, Frauen wankten, einer Ohnmacht nahe, zur Tür. Es war eine allgemeine Auflösung wie im Chaos, aus dessen Nebeln eine neue Schöpfung hervorbricht." (Zit. nach: E & D, 2002, S. 144)

Klassizität der *Maria Stuart*

Es ist unverkennbar, dass *Maria Stuart* mit diesen Sturm-und-Drang-Dramen weder in der Absicht noch in der Wirkung vergleichbar ist. Zum „Irrenhaus" wird und *soll* der Zuschauerraum ganz gewiss nicht werden. Erschütterung über das Schicksal Marias und die Läuterung des Publikums zu metaphysischer Freiheit sind gewünscht. Hier herrscht nicht mehr der Gestus der Auflehnung; angestrebt wird vielmehr die moralische Freiheit des Menschen zu sich selbst. Es geht – mit Goethes Worten – nicht mehr um „physische", sondern um „ideelle" Freiheit.

Der Sturm-und-Drang-Held als Identifikationsfigur

Damit in Zusammenhang zu sehen ist eine neue, objektivere Haltung des klassischen Dichters zu seinem Stück und zu seinen Figuren. Charakteristisch für den jungen Schiller war die Identifikation mit dem Helden. So konnte er etwa sagen: „Der Dichter muß weniger der Maler seines Helden – er muß mehr dessen Mädchen, dessen Busenfreund sein" (Brief an Reinwald, 14. April 1783). Das bezieht sich auf den ersten Plan zum *Don Karlos*; und auch im Stück selbst sind Karlos bzw. nun mehr noch Marquis Posa begeisternde Identifikationsfiguren.

Abstand des Klassikers zu seinem Helden

Demgegenüber sucht der klassische Dichter Distanz zu seinen Figuren zu halten, wie ja auch die Spannungen zwischen Individuum und Gesellschaft objektiver gesehen werden. Der Held der *Wallenstein*-Trilogie ist ein ‚gemischter' Charakter, der keine begeisterte Identifikation zulässt. „Es will mir ganz gut gelingen, meinen Stoff außer mir zu halten und nur den Gegenstand zu geben. Beinahe möchte ich sagen, das Sujet interessiert mich gar nicht, und ich habe nie solche Kälte für meinen Gegenstand mit einer solchen Wärme für die Arbeit in mir vereinigt", schreibt Schiller während der Arbeit am *Wallenstein* an Goethe (28. November 1796). Genauso wenig lädt *Maria Stuart* dazu ein, sich leidenschaftlich-begeistert in sie hineinzuversetzen. Ihr königliches Wesen soll Bewunderung hervorrufen; und die erhabene Freiheit ihres Sterbens soll zur Idee der Freiheit leiten. Beides intendiert eine objektive Haltung des Zuschauers, kein blind-begeistertes Sich-Hineinversetzen.

Charakteristika des klassischen Dramas

Klassizität bedeutet – im Gegensatz zu Subjektivität und Originalitätsstreben des Sturm und Drang – das Bemühen um Objektivierung, um nachahmenswerte Mustergültigkeit und um „Simplizität". Klassische Dramatik ist nicht in einer naturalistischen Weise auf die gesellschaftliche Realität bezogen, sondern ist Ideendramatik. Der idealistische Dramatiker sieht den Menschen eingebunden in eine größere, metaphysische Ordnung.

Stil des klassischen Dramas

Naturgemäß entspricht der veränderten Aussage- und Wirkungsabsicht ein radikal veränderter Stil, wie in den Kapiteln über die dramatische Bauform (vgl. S. 82 ff.) und über Sprache und Vers (vgl. S. 89 ff.) gezeigt wurde. Im Gegensatz zur normsprengenden Ungebundenheit des Sturm-und-Drang-Dramas ist die Struktur des klassischen Dramas streng und durchsichtig. Die Konzentration der Zeit auf drei Tage und der symmetrische Wechsel der wenigen symbolträchtigen Schauplätze betonen den Willen zu strikter Regelmäßigkeit. Selbstverständlich ist für das klassische Drama die Bindung an den Vers. Die Sprache hat das manchmal forciert Originale, die genialische Maßlosigkeit des Sturm und Drang abgelegt; die Sprache des klassischen Dramas bleibt gebändigt auch noch in stark emotionalen Szenen wie der Begegnung der Königinnen. Die Neigung zu Sentenzen verweist auf das Streben des klassischen Textes nach Beispielhaftigkeit und Allgemeinverbindlichkeit.

Schillers Dramen der Reifezeit

Don Karlos, das letzte von Schillers Jugenddramen, wurde 1787 veröffentlicht. Dann folgte eine rund zehnjährige Unterbrechung des dramatischen Schaffens, in der Schiller mit historischen und philosophischen Arbeiten beschäftigt war. Danach eröffnet der *Wallenstein* (begonnen 1796; Uraufführung 1799) die Reihe der klassischen Dramen. Es folgen dann sehr schnell *Maria Stuart* (1800/01), *Die Jungfrau von Orleans* (1802), *Die Braut von Messina* (1803) und *Wilhelm Tell* (1804).

Schillers philosophische Studien

Worauf beruht der Wandel vom Stürmer und Dränger Schiller zu einem Dichter, der Klassizität anstrebt? Von ganz entscheidender Bedeutung waren zweifellos die eingehende Auseinandersetzung mit der Philosophie Kants und der Versuch, dessen schroffe Antithetik von Sinnlichkeit und Sittlichkeit, Neigung und Pflicht im Zeichen der Schönheit zu überwinden: „Anmut" ist der Ausdruck einer „schönen Seele", der der harmonische Ausgleich von Geist und Sinnen gelungen ist. Auf die für *Maria Stuart* vor allem bedeutsamen philosophischen Schriften Schillers wurde im Thematik-Kapitel hingewiesen (vgl. S. 72 ff.).

Die Freundschaft mit Goethe

Wichtig war ferner das Bündnis mit Goethe, auf dem die Weimarer Klassik basiert. Seit Schiller und Goethe sich 1794 nahegekommen sind, stehen sie in ständigem Briefwechsel miteinander; die Korrespondenz begleitet und kommentiert z. B. den gesamten Prozess der Arbeit am *Wallenstein*. 1799, während der Arbeit an *Maria Stuart*, zieht Schiller von Jena endgültig nach Weimar und unterstützt Goethe bei der Leitung des Weimarer Theaters.

Bedeutung der Französischen Revolution für Schiller

Ein anderer Faktor, der für die Entwicklung von Schillers Ansichten von maßgebender Bedeutung gewesen sein dürfte, war das Erlebnis der Französischen Revolution und ihrer Entartung:

> „Die Reaktion Schillers auf den Ausbruch der Französischen Revolution ist eigentümlich verhalten, vergleicht man sie mit der der gebildeten Welt in Deutschland und ihrer intellektuellen Wortführer. […] Es scheint, als habe Schiller die Revolution nicht sehr beschäftigt. […] Erst im Herbst 1792 kommt sie im Briefwechsel mit Körner ausführlicher zur Sprache. Der Grund dafür ist wohl nicht nur die Krise, in die der revolutionäre Prozess geraten ist, sondern eine Nachricht aus Frankreich, die ihn selbst betrifft: Die Nationalversammlung hatte ihn als einen Vorkämpfer der Menschenrechte und Freiheit mit den Rechten eines *citoyen français* ausgezeichnet. Die Urkunde erhält er zwar erst fünf Jahre später auf Umwegen, aber die Sache selbst wird ihm bald bekannt. […] Dann bringen ihn die französischen Vorgänge zum ersten Mal an den Schreibtisch: Der Prozess gegen Ludwig XVI. hat begonnen, die Anklage auf Hochverrat impliziert seine mögliche Verurteilung zum Tode. Schiller konzipiert eine Schrift zur Verteidigung des Königs, dessen Unverletzlichkeit doch von der revolutionären Verfassung garantiert war. Die Arbeit erledigt sich durch die am 21. Januar 1793 erfolgende Enthauptung Ludwigs. Es ist der Augenblick, wo Schillers bisherige verhaltene Sympathie mit der Revolution in Widerwillen umschlägt: ‚Ich kann seit 14 Tagen keine französischen Zeitungen mehr lesen, so ekeln diese elenden Schinderknechte mich an.' Das steht am Ende des Briefes an Körner vom 8. Februar 1793." (Wölfel, 2005, S. 102 f.)

Entpolitisierung in *Maria Stuart*

Die Abkehr von der Hoffnung auf eine Revolutionierung der politischen Realität betrifft natürlich ganz direkt auch *Maria Stuart*. Schiller hat bei der Ausgestaltung der Dramenhandlung einige Veränderungen an den historischen Fakten vorgenommen (vgl. dazu S. 115 f.). Interessanter und aufschlussreicher als diese Veränderungen jedoch ist die Tatsache, dass bei Schiller bestimmte geschichtliche Kräfte und Faktoren, die man unbedingt erwarten würde, ganz ausgeklammert bleiben (darauf haben Hans Peter und Martina Herrmann in ihrer Interpretation hingewiesen, 1989, S. 96ff.).

Ausklammerung Spaniens

Bemerkenswerterweise wird in *Maria Stuart* zwar die Bedrohung Englands durch Frankreich ständig bewusst gemacht, während die viel größere Bedrohung durch Spanien dagegen kaum Erwähnung findet, obwohl das Drama nur ein Jahr vor Englands Sieg über die spanische Armada (1588) spielt, der den Verlauf der europäischen Geschichte ja wesentlich beeinflusst hat. Natürlich kannte der Autor der *Geschichte des Abfalls der vereinigten Niederlande von der spanischen Regierung* und des *Don Karlos* die Bedeutung Spaniens sehr gut. In diesen Werken erscheint Spanien als Hort einer autoritären, fortschrittsfeindlichen Gewaltherrschaft, das elisabethanische England dagegen als Inbegriff bürgerlicher Freiheit und historischen Fortschritts. Was also bedeutet es, wenn in *Maria Stuart* kein negatives Bild Spaniens vorkommt, das sonst progressive England Elisabeths aber eine negative Rolle übernimmt?

England erscheint nicht als progressive Kraft

Ausklammerung der gesellschaftlichen Hintergründe

Bemerkenswert ist auch, dass in *Maria Stuart* die Großen an Elisabeths Hof nur als Repräsentanten abstrakter Prinzipien dargestellt sind (Staatsräson – Humanität – Machtwillen), während sie in der historischen Realität Repräsentanten von „Pressure Groups" waren (Burleigh vertrat das Interesse des aufstrebenden Landadels an Stärkung der Zentralgewalt; Leicester als Vertreter des alten Feudaladels war sein natürlicher Gegner). Diese Abstraktion ist besonders auffallend bei einem Dichter, der im *Wallenstein* die sozialen und gesellschaftspolitischen Hintergründe und Verflechtungen so präzise herausarbeitet (ausdrücklich zu diesem Zweck ist *Wallensteins Lager* an den Anfang der Trilogie gesetzt). – Dazu passt, dass wesentliche Kräfte des elisabethanischen England in *Maria Stuart* nicht existent sind: weder die Stadt London noch das englische Bürgertum. Gerade das Bürgertum aber wäre wiederum eine progressive Kraft; auf den Fortschrittswillen des (niederländischen) Bürgertums gründen auch Karlos und Posa ihre Freiheitshoffnungen. Und es passt auch zu dieser Tendenz, dass

Ausklammerung des progressiven Bürgertums

Schiller Marias Sohn Jakob ‚unterschlägt' – also den König, dem die Aussöhnung von England und Schottland gelingt. Es will scheinen, dass Schiller absichtlich aus seinem Drama alle progressiven Elemente verbannt und all jene Elemente, die auf einen Fortschritt des geschichtlichen Prozesses hoffen lassen, bewusst ignoriert hat. Denn nach der Erfahrung der Entwicklung der Französischen Revolution sieht er keine greifbare Zukunftsperspektive für die Realpolitik; er hält die geschichtliche Realität für hoffnungslos.

Schiller intendiert ein negatives Geschichtsbild

Man hat diese – für die Weimarer Klassik typische – Abkehr von der Politik als Flucht in Ersatzlösungen interpretiert. Schillers Absicht wäre es jedoch eher gemäß, hier nicht einen Wechsel des Ziels, sondern (nur) der Methode zu vermuten. An den Prinzen von Augustenburg schreibt er am 13. Juli 1793:

Weimarer Klassik als Realitätsflucht?

> „Ja ich bin soweit entfernt an den Anfang einer Regeneration im Politischen zu glauben, daß mir die Ereignisse der Zeit viel mehr alle Hofnungen dazu auf Jahrhunderte benehmen." (NA 26, S. 262)

Und er fährt in dem Brief fort:

> „So lange aber der oberste Grundsatz der Staaten von einem empörenden Egoismus zeugt, und so lange die Tendenz der Staatsbürger nur auf das physische Wohlseyn beschränkt ist, so lange, fürchte ich, wird die politische Regeneration, die man so nahe glaubte, nichts als ein schöner philosophischer Traum bleiben.
> Soll man also aufhören, danach zu streben? Soll man gerade die wichtigste aller menschlichen Angelegenheiten einer gesetzlichen Willkühr, einem blinden Zufall anheimstellen, während dass das Reich der Vernunft nach jeder andern Seite zusehends erweitert wird? Nichts weniger, Gnädigster Prinz. Politische und bürgerliche Freiheit bleibt immer und ewig das Heiligste aller Güter, das würdigste Ziel aller Anstrengungen und das große Centrum aller Kultur – aber man wird diesen herrlichen Bau nur auf dem festen Grund eines veredelten Karakters aufführen, man wird damit anfangen müssen für die Verfassung Bürger zu erschaffen, ehe man den Bürgern eine Verfassung geben kann." (S. 264 f.)

Die Briefe an den Prinzen von Augustenburg hat Schiller zu der Schrift *Ueber die ästhetische Erziehung des Menschen* (1793/95) umgearbeitet. In dieser Schrift geht es –

wie im Thematik-Kapitel dargestellt (vgl. S. 75 ff.) – um die politische Aufgabe der Kunst, durch Ausbildung des Empfindungsvermögens, des Gefühls für das Ideale, den Bürger für die Gestaltung des zukünftigen idealen Staates einer vernünftigen Harmonie zu erziehen. „Der Moment war der günstigste, aber er fand eine verderbte Generation, die ihn nicht werth war" (NA 26, S. 262): Das soll sich, wenn die ästhetische Pädagogik der Klassik sich bewährt, nicht wiederholen.

Das Drama und die Geschichte

Die historischen Grundlagen

Daten der englischen Geschichte zur Zeit Maria Stuarts

1485–1509	Regierungszeit Heinrichs VII.; Beendigung der Rosenkriege und Begründung der Herrschaft des Hauses Tudor.
1509–1547	Regierungszeit Heinrichs VIII. Die vom Papst verweigerte Scheidung von dessen erster Gemahlin wird Anlass für die Trennung der englischen Kirche von Rom.
1533	Geburt von Elisabeth.
1542	Geburt von Maria Stuart.
1547–1553	Regierungszeit Edwards VI.; Begründung der protestantischen High Church.
1553–1558	Regierungszeit von Maria Tudor der Katholischen. Sie versucht, die Restauration der katholischen Religion in England zu erzwingen (deshalb auch „Maria die Blutige“ genannt).
1558–1603	Regierungszeit Elisabeths I. (Tochter der 1536 hingerichteten zweiten Gemahlin Heinrichs VIII., Anna Boleyn); Wiederherstellung der anglikanischen High Church.
1560	Der Vertrag von Edinburgh zwischen französischen, schottischen und englischen Bevollmächtigten beendet den Bürgerkrieg in Schottland, in dem sich England und Frankreich auf verschiedenen Seiten engagiert hatten. Nach diesem Vertrag sollen König und Königin von Schottland so lange nicht den englischen Königstitel führen, wie Elisabeth oder ihre Nachkommen am Leben sind. Der Vertrag

	wird von Maria Stuart nicht anerkannt. Der Protestantismus wird durch Parlamentsbeschluss schottische Staatsreligion.
1561	Maria Stuart tritt ihre Königsherrschaft in Schottland an.
1567	Maria Stuart wird zur Abdankung gezwungen; sie flieht 1568 nach England.
1587	Hinrichtung Maria Stuarts am 8. Februar.
1603	Nachfolger Elisabeths wird Jakob I., Sohn von Maria Stuart. Er vereinigt die drei Kronen von England, Schottland und Irland als König von Großbritannien und Irland.

Die Regelungen über die Nachfolge Heinrichs VIII.

(Zur folgenden Übersicht vgl. Herrmann/Herrmann, 1989, S. 34.)

- 1536 erklärte Heinrich VIII. seine Töchter Maria Tudor und Elisabeth zu unehelichen Kindern und ließ sie durch Parlamentsbeschluss von der Thronfolge ausschließen. Außerdem erklärte er seine zweite Ehe mit Elisabeths Mutter Anna Boleyn nachträglich zu einem illegitimen Verhältnis. Das war sie nach kirchlichem Recht sowieso, da die Scheidung der ersten Ehe vom Papst nicht erlaubt worden war.
- 1543 wurden durch Parlamentsbeschluss beide Töchter wieder zu Thronfolgerinnen erklärt; die Reihenfolge der Thronanwartschaft sollte sein: Edward – Maria – Elisabeth.
- In seinem Testament bestätigt Heinrich VIII. 1547 diese Regelung; da er aber seine zweite Ehe nicht wieder legalisiert hatte, blieb Elisabeth ein illegitimes Kind. Andererseits schloss Heinrich VIII. alle ausländischen Mitglieder des Hauses Tudor (d. h. die Stuart-Linie) von der Thronfolge aus.
- Unter Maria der Katholischen erklärte das Parlament die erste Ehescheidung Heinrichs VIII. für nichtig, womit Elisabeths Status als uneheliches Kind erneut bekräftigt wurde.
- Wenn aber Elisabeth als uneheliches Kind ausschied,

so konnte Maria Stuart als legitime Urenkelin Heinrichs VII. Anspruch auf den englischen Thron erheben. Ihre Großmutter väterlicherseits war die Tochter Heinrichs VII. und älteste Schwester Heinrichs VIII.

Die verschiedenen Regelungen über die Thronfolge

Unterschiedliche Interpretation der Erbfolgeregelungen

„führten je nach Interessenlage zu unterschiedlichen Auslegungen. Unter *dynastischem* Gesichtspunkt hatte Maria Stuart einen legitimen Thronanspruch vor Elisabeth. Juristisch war ihr Anspruch zweifelhaft: nach *kanonischem* Recht war Elisabeth nicht thronberechtigt, nach *englischem* Recht war sie es jedoch; für Maria Stuart war in diesem Fall entscheidend, ob das Testament galt, das sie ausschloss, oder der *Parlamentsbeschluss*, der darüber keine Aussage machte. Welcher von diesen konkurrierenden Gesichtspunkten sich durchsetzte, hing von den Machtverhältnissen ab" (Herrmann/Herrmann, 1989, S. 34).

Das Leben Maria Stuarts

Biographie Marias

Das Leben Maria Stuarts

- Maria wird in Frankreich von ihren Verwandten erzogen. Sie erkennt die Ansprüche Elisabeths auf den englischen Thron nicht an. Bei ihrer Ankunft in Schottland wird sie als Königin von Schottland begrüßt.
- Ehe mit Lord Darnley. Ermordung von Marias Sekretär Riccio durch Darnley. Maria stützt sich auf den Grafen Bothwell.
- Ermordung Darnleys. Bothwell wird verdächtigt, aber auf Anordnung Marias freigesprochen. Die Heirat Marias mit Bothwell führt zu einem Skandal.
- Erhebung des schottischen Adels gegen Maria. Sie flieht nach England und bittet Elisabeth um Asyl.
- Elisabeth ist an der Unterstützung der katholischen Rivalin nicht interessiert. Sie hält sie 19 Jahre gefangen.
- Bemühungen der katholischen Partei in Frankreich um Maria; Verschwörungen zu ihren Gunsten.
- 1587 Hinrichtung Marias aufgrund eines Sondergesetzes.

Maria Stuart wurde 1542 bei Edinburgh geboren. Kurz nach ihrer Geburt starb ihr Vater. Maria wurde (nominell) in ihrem ersten Lebensjahr Königin von Schottland. Schottland hatte fast das ganze 16. Jahrhundert hindurch nur minderjährige Monarchen; die Regentschaft lag in den Händen des Adels, der daraus in wechselnden Konstellationen Vorteile für seine Hausmacht zu ziehen und die Königsmacht zu schwächen strebte. Die verschiedenen, auch in Religionsfragen sich befehdenden Parteien suchten Hilfe im protestantischen England oder im katholischen Frankreich. Diese Wirren wirkten schon früh auf das Leben Maria Stuarts ein. Die frankreichfreundliche Partei arrangierte als Belohnung für französische Unterstützung die Verlobung Marias mit dem französischen Thronfolger. Marias Mutter, Maria von Guise, war die Schwester zweier bedeutender französischer Adliger: des Herzogs von Lothringen, Franz von Guise, und des Kardinals von Lothringen und Erzbischofs von Reims, Karl von Guise (an ihn vor allem denkt Schiller, wenn er von Marias französischen Verwandten spricht).

1542 Maria Stuart geboren

Machtkämpfe des schottischen Adels

Marias französische Verwandte

Seit 1548 wurde Maria unter der Obhut ihrer Guise-Verwandten in Frankreich erzogen: zu einer vielseitig gebildeten Fürstin, zu einer Dame der kultiviert-luxuriösen französischen Gesellschaft und zur überzeugten Katholikin. 1558 wurde die Sechzehnjährige mit dem französischen Dauphin vermählt, der 1559 als Franz II. König wurde, aber schon 1560 starb.

Erziehung in Frankreich

Heirat des französischen Thronfolgers

Unter dem Einfluss ihrer französischen Verwandten erkannte Maria 1558 Elisabeth bei deren Regierungsantritt nicht als englische Königin an, sondern erhob selbst den Anspruch, rechtmäßige englische Thronfolgerin zu sein. Ebenso weigerten sich 1560 Maria und ihr Mann, den Vertrag von Edinburgh zu unterschreiben, da diese Unterschrift mit einem Verzicht auf die englische Krone gekoppelt gewesen wäre. Elisabeth musste sich also von Anfang an durch Maria Stuart bedroht fühlen.

Nicht-Anerkennen der Ansprüche Elisabeths

Nach dem Tod von Franz II. kehrte Maria 1561 nach Schottland zurück und wurde dort als Königin akzeptiert und begrüßt. Obwohl sie strenge Katholikin war und obwohl sie mit ihren Oheimen, den Guisen, in geheimer Verbindung blieb, verhielt sie sich gegen den Protestantismus tolerant, ohne freilich das Misstrauen

1561 Rückkehr nach Schottland

zerstreuen zu können, das man ihr in protestantischen Kreisen entgegenbrachte, nicht zuletzt auch wegen ihres französischen Lebensstils (ein Großteil der zeitgenössischen Berichterstattung zeichnete sie – wohl durchaus zu Unrecht – als männermordenden Vamp). Zunächst meisterte Maria die komplizierte Situation bemerkenswert geschickt; aber die Lage wurde kritisch, als sie 1565 ihren Vetter Henry Stuart Lord Darnley heiratete. Diese Ehe hatte u. a. auch dynastische Gründe. Darnley war wie Maria ein Enkel der Schwester Heinrichs VII.; durch die Heirat konnte sie ihn als Konkurrenten ausschalten und ihren eigenen Thronanspruch gemeinsam mit ihm verstärken. Doch durch die Ehe mit dem katholischen Darnley entzweite sich Maria mit den protestantischen schottischen Großen, vor allem mit ihrem Halbbruder, dem Grafen von Moray, der bisher ihr Ratgeber gewesen war. Der eitle, geistig unbedeutende und charakterlose Darnley war der Königin durchaus kein Helfer; schließlich stellte er sich sogar an die Spitze einer opponierenden Adelsgruppe. Mit deren Unterstützung ließ er Marias Sekretär und Günstling David Riccio, einen Mann von niedriger Herkunft, der dem schottischen Adel wegen seines Einflusses auf die Königin verhasst war und von Darnley mit Eifersucht verfolgt wurde, im Gemach der Königin vor ihren Augen erstechen (1566). Das verbreitete, aber wohl unberechtigte Gerücht von einer Liebesaffäre zwischen Maria und Riccio übernimmt Schiller in I,2. Gleich nach dem Mord ging Darnley wieder zur Partei der Königin über. Aber diese stützte sich jetzt auf James Hepburn, den Grafen von Bothwell, einen der mächtigsten Adligen des Landes und Anführer der antienglischen Fraktion. Der bereits verheiratete Graf hoffte die Königin für sich zu gewinnen und verschwor sich mit einigen Edelleuten gegen Darnley.

Ehe mit Lord Darnley

Ermordung von Marias Sekretär Riccio durch Darnley

Der Graf von Bothwell

Ermordung König Darnleys

1567 wurde das Gebäude, in dem Darnley wegen einer Pockenerkrankung isoliert lebte, in die Luft gesprengt und der König erwürgt. Da man Bothwell dieses Mordes verdächtigte, musste er sich auf Anordnung Marias vor dem schottischen Parlament verantworten, wurde aber freigesprochen, u. a. weil Darnleys Vater als Ankläger nicht erschien. Kurz darauf wurde Maria von Bothwell entführt – ob mit ihrem Einverständnis, ist bis heute ungeklärt; jedenfalls heiratete sie ihn. Möglicherweise war auch diese Eheschließung politisch motiviert. Maria hoffte, an Bothwell einen zuverlässigen Halt zu haben, zumal ein Großteil der Adligen sich zu dessen Unterstützung bereit erklärte. Tatsächlich aber erregte die Hochzeit einen großen Skandal, da Darnley erst drei Monate tot war, Bothwell der Beteiligung an dessen Ermordung verdächtigt wurde und seine eigene Ehe im Eilverfahren gelöst worden war. – Diese dritte Ehe Marias ist durch die sogenannten „Kassettenbriefe" als skrupellose Liebesaffäre interpretiert worden. Es handelt sich um eine Kassette mit zehn Briefen, die Maria an Bothwell gerichtet haben soll und in denen sie u. a. ihre Mitschuld an der Ermordung Darnleys erwähnt. Diese Briefe tauchten kurz nach Marias Flucht nach England auf und dienten als Beweismaterial gegen sie. Die Originale verschwanden merkwürdigerweise schnell, und die Briefe gelten heute allgemein als Fälschung. Doch Schiller geht in I,2 von der Version der Kassettenbriefe aus (skrupellose Liebesaffäre, Mitschuld Marias an dem Mord).

Der Skandal der Heirat Marias mit Bothwell

Die Kassettenbriefe

Nach der Heirat erhob sich der schottische Adel gegen die Königin und gegen Bothwell. Dieser konnte flüchten; Maria wurde von eben den Adligen, die Bothwell ihre Unterstützung zugesagt hatten, festgesetzt. Sie wurde der Mitwisserschaft an dem Königsmord angeklagt und zur Abdankung zugunsten ihres einjährigen Sohnes gezwungen, der 1567 zum schottischen König gekrönt wurde. 1568 entkam Maria, scharte ihre Anhänger um sich, verlor jedoch eine Schlacht gegen den feindlichen Adel und musste fliehen. In einem Brief bat sie Elisabeth, die „Schwester", um Asyl und um Beistand; und ohne die Rückkehr ihres Boten abzuwarten, setzte sie in einem Fischerboot nach England über.

Adelsrevolte; Niederlage Marias

1568 Flucht nach England

Da Elisabeth die protestantische Politik der an der Macht befindlichen schottischen Adligen unterstützte, hatte sie kein Interesse daran, Maria wieder zu ihrem schottischen Thron zu verhelfen. Zudem war die katholische Maria mit ihren französischen Verbindungen und ihrem nach Ansicht der Gegner Elisabeths legitimeren Anspruch auf den englischen Thron eine ständige Bedrohung; die katholische Partei, sei es in Frankreich, sei es auch in England selbst, würde Maria zweifellos für ihre Zwecke einzusetzen versuchen. Elisa-

Elisabeths Dilemma

Maria als Bedrohung

beth verfolgte deshalb eine Hinhaltetaktik. Unter dem Vorwand, zwischen Maria und dem schottischen Adel vermitteln zu wollen, arrangierte sie eine Untersuchung der Schuld Marias an der Ermordung Darnleys. Diese Untersuchung führte zu keinem Ergebnis, sollte es wohl auch nicht. Maria aber wurde unterdessen festgehalten und dann von Schloss zu Schloss in immer strengere Haft genommen, insgesamt 19 Jahre lang, davon 15 unter der Obhut des Grafen Shrewsbury. In dieser Zeit bat Maria immer wieder um eine persönliche Begegnung mit Elisabeth, zu der es jedoch nie kam.

Bemühungen der katholischen Partei um Maria

Während ihrer Gefangenschaft wurde Maria Stuart zum Mittelpunkt der katholischen Bestrebungen Frankreichs, Spaniens und des Papstes, die durch sie die katholische Kirche in England wiederherzustellen hofften. Wie radikal die katholische Offensive überall in Europa war, zeigte 1572 die „Bartholomäusnacht“ in Paris, die Ausrottung fast des gesamten protestantischen Adels Frankreichs. Dass man auch vor Fürstenmord nicht zurückschreckte, erwies 1584 die Ermordung Wilhelms von Oranien. Als Reaktion auf diesen Mord wurde 1585 in England der „Act for the Queen's Safety“ dekretiert, nach dem nicht nur strafbar war, wer der Königin nach dem Leben trachtete, sondern auch der, zu dessen Gunsten das geschah: ein eindeutig gegen Maria gerichtetes Gesetz, das dann auch gegen sie angewendet wurde.

Act for the Queen's Safety

Verschwörungen zugunsten Marias

In England selbst gab es immer wieder Versuche, Maria zu befreien. Der Herzog von Norfolk, (protestantischer) Anführer der katholischen Partei im Norden Englands, wollte Maria heiraten; es kam zu einem Aufstand des Adels Nordenglands; schließlich wurde Norfolk 1572 hingerichtet. Verschwörungen gegen Elisabeths Leben zugunsten Marias versuchten dann neben vielen anderen 1585 der walisische Rechtsgelehrte Dr. Parry und 1586 Sir Anthony Babington, zu dessen Gefährten Tichbourne gehörte. Nach der Babington-Verschwörung wurde Maria aufgrund des Sicherheitsgesetzes in Fotheringhay vor Gericht gestellt und am 25. Oktober 1586 zum Tode verurteilt. Außenpolitische Gründe veranlassten Elisabeth, die Vollsteckung hinauszuzögern; erst am 8. Februar 1587 wurde Maria hingerichtet. Es war die erste Hinrichtung einer gesalbten Königin, also ein extrem außergewöhnlicher Akt für die damalige Zeit, in

Prozess und Todesurteil

1587 Hinrichtung Marias

der Könige als von Gott eingesetzte und legitimierte Herrscher galten.

Reaktion der historischen Elisabeth

Als Elisabeth von der Hinrichtung hörte, zeigte sie sich sehr bestürzt, verwünschte den Diensteifer ihrer Räte und strafte Davison mit einer Geldbuße von 10000 Pfund Sterling, die ihn gänzlich verarmen ließ; Burleigh fiel nur für vier Monate in Ungnade. Marias Leichnam wurde in der Kathedrale zu Peterborough beigesetzt. Erst als ihr Sohn Jakob, der im Übrigen nichts für die Befreiung seiner Mutter getan hatte, König von England geworden war (1603–25), ließ er den Sarg Maria Stuarts in der Westminster-Kathedrale beisetzen und ihr ein Grabmal errichten. Schloss Fotheringhay, die Stätte ihrer letzten Gefangenschaft, ließ er zerstören.

Schillers Quellen

Schillers Quellen

Schillers Quellen

- Das 16. Jahrhundert gehörte zu den Spezialgebieten des Historikers Schiller.
- Die historischen Darstellungen aus dem 16. Jahrhundert unterscheiden sich in der Schuldzuweisung.
- Die zahlreichen Dramatisierungen des Maria-Stuart-Stoffs haben auf Schiller keinen Einfluss gehabt.

Das 16. Jahrhundert gehörte zu den Spezialgebieten des Historikers Schiller; diese Zeit behandelte er in der *Geschichte des Abfalls der vereinigten Niederlande von der spanischen Regierung* (1788), und in dieser Zeit spielt auch das Drama *Don Karlos* (1787). Seine umfassenden Kenntnisse vertiefte Schiller noch durch ein intensives Studium der (zu seiner Zeit) wichtigsten Werke zur Geschichte Maria Stuarts. Über Wert und Tendenz dieser Quellen lässt sich etwa Folgendes sagen:

Die Tendenz von Schillers Quellen

> „Von der Parteien Gunst und Haß verwirrt bietet sich Marias Bild bei ihren Zeitgenossen Camden, Buchanan und Brantôme dar, und zwar sind es vor allem die zwei schwersten Schuldfragen, in denen sie auseinandergehen: Marias Mitwisserschaft um die Ermordung ihres zweiten Gatten Darnley (1567) und die Teilnahme an Babingtons Verschwörung gegen das Leben Elisabeths (1586). Der Engländer

Camden, dessen *Annales rerum Anglicarum et Hibernicarum regnante Elizabetha* 1615 unter der Regierung Jakobs I. erschienen, suchte die Mutter seines Königs vom Verdacht des Gattenmordes völlig zu reinigen; über ihre spätere Schuld dagegen entschied er nicht, sondern gab nur den Gang des Prozesses auf das genauste aus den Akten wieder. Hier fand Schiller Marias geschickte Selbstverteidigung, die er sich zu eigen machte. Bei Buchanan sind nur die schottischen Ereignisse dargestellt; er war Marias leidenschaftlichster Ankläger, der sie in seiner *Rerum Scoticarum historia* (1582) wie schon vorher in einer eigenen Anklageschrift des Gattenmordes beschuldigte. Der Franzose Brantôme endlich, dessen biographische Anekdoten unter Schillers Herausgebernamen 1795 in der ‚Allgemeinen Sammlung historischer Memoires' […] erschienen, ist ein eleganter Schwätzer, der in Maria hauptsächlich die galante Dame sieht und sich auf die Beschuldigungen gar nicht weiter einläßt; doch weiß er die rohe Behandlung, die ihr zuteil wurde, auf das wirkungsvollste mit der vornehmen Haltung Marias zu kontrastieren und das tiefste Mitleid für das unschuldige Opfer zu erwecken. Weiter benutzte Schiller Werke des achtzehnten Jahrhunderts, die mit ihrem Urteil mehr zurückhielten, nämlich Robertsons Geschichte von Schottland, die englische Geschichte von David Hume und vor allem die des Rapin de Thryras, die nach eigenem Geständnis ihm ‚das englische Lokal und Wesen immer lebhaft vor der Imagination erhielt'." (Petersen, SA 6, S. xi f.)

Dramatisierungen des Maria-Stuart-Stoffs

Neben den historischen Darstellungen gab es in großer Zahl auch dichterische Gestaltungen der Geschichte Maria Stuarts; eine Spezialuntersuchung zählt bis zu Schiller 55 Maria-Stuart-Dramen. Das erste erschien bereits 1593 (also nur sechs Jahre nach Marias Hinrichtung). Die frühen Dramen sind „die Fortsetzung des Kampfes, den die katholische Kirche durch Maria gegen England führte, über ihren Tod hinaus mit neuen theatralischen Mitteln" (Herrmann/Herrmann, 1989, S. 28). Erst im 17. Jahrhundert erscheint der Stoff auch als reine Liebestragödie. Für Schillers *Maria Stuart* haben diese Dramen kaum Bedeutung; eine Abhängigkeit Schillers von literarischen Vorlagen ist nirgends nachweisbar. Da allerdings einige Dramatisierungen des 18. Jahrhunderts Schillers Zeitgenossen gegenwärtig waren, hat man vermutet, dass Schiller die Begegnung der Königinnen aus dieser literarischen Tradition gekannt hat.

Poetische Freiheiten Schillers gegenüber der Geschichte

Poetische Freiheiten Schillers gegenüber der Geschichte

- Erfunden ist die Begegnung der Königinnen. Tatsächlich wurde Marias Bitte gerade nicht gewährt.
- Die Königinnen sind bei Schiller jünger als in der Realität.
- Elisabeth war nach der Hinrichtung Marias nicht so isoliert wie im Drama: Leicester blieb ihr Günstling, Burleigh fiel nur kurz in Ungnade.
- Auf Mortimer und Leicester verteilt Schiller die verschiedenen Verschwörungen gegen Elisabeth.

Poetische Freiheiten Schillers gegenüber der Geschichte

Schillers „Freiheiten über die Geschichte"

Schiller spricht in einem Brief an Goethe (19. Juli 1799) von dem „poetischen Kampf mit dem historischen Stoff", bei dem er „Mühe brauchte, der Phantasie eine Freiheit über die Geschichte zu verschaffen, indem [er] zugleich von allem, was diese Brauchbares hat, Besitz zu nehmen suchte".

Die Begegnung der Königinnen

Zu den größten Freiheiten, die er sich erlaubt hat, gehört die Begegnung der Königinnen. Dies ist eine besonders eklatante Abweichung von der Tatsachentreue, weil die historische Maria wiederholt um eine persönliche Unterredung gebeten hat, sie ihr aber nie gewährt wurde. Das politisch unwahrscheinliche Ereignis wird von Elisabeths Eitelkeit her motiviert, indem es als Schönheitskonkurrenz vorbereitet wird. Schiller braucht die Begegnung u.a. deshalb, weil er diese Verlagerung auf die persönliche weibliche Rivalität intendiert.

Verjüngung der Königinnen

Die gleiche Tendenz verfolgt die andere gravierende Änderung, die Schiller an den historischen Tatsachen vornimmt. Maria müsste 44, Elisabeth 53 Jahre alt sein. Bei Schiller aber sind beide Königinnen entschieden jünger, nämlich „etwa 25" und „höchstens 30" (so Schiller an den Berliner Theaterdirektor Iffland, 22. Juni 1800). Dass Elisabeth noch „Ansprüche machen darf", ermöglicht die Kombination von politischer und weiblicher Rivalität, wie sie z.B. in der Begegnungsszene zum Durchbruch kommt. (Die Verjüngung der Königinnen hat übrigens zur Folge, dass Schiller andere Zeitverhältnisse im

Unbestimmten lassen musste, vor allem die Dauer von Marias Gefangenschaft, die nun natürlich nicht 19 Jahre währen konnte.) Nicht ändern konnte (oder wollte) Schiller den Ausgang des Dramas, etwa in der Art, dass er zur Bestrafung Elisabeths ein größeres Unglück über deren Regierung hätte hereinbrechen lassen. Immerhin pointiert er die Isolierung und moralische Verurteilung Elisabeths durch einige ‚Korrekturen' der historischen Fakten. Der historische Leicester blieb bis zu seinem Tode Günstling Elisabeths; Burleigh fiel nur für vier Monate in Ungnade. Die historische Elisabeth war also nicht so aller Getreuen beraubt wie die Figur des Dramas. Shrewsbury war tatsächlich nie Siegelbewahrer; Schiller macht ihn dazu, damit er in effektvoller Weise dieses Amt niederlegen kann. Erfindung ist auch, dass der Schreiber Kurl sein Geständnis widerrufen hätte: eine Erfindung, die den Prozess gegen Maria eindeutig als Schauprozess kennzeichnen soll.

Isolierung Elisabeths am Schluss

Von den Verschwörungen zugunsten Marias zitiert Schiller in I,1,69 ff. die von Norfolk, Parry und Babington, später noch mehrfach die von Babington/Tichburn. In der konkreten Dramenhandlung aber werden die Träger der historischen Vorgänge durch andere Figuren besetzt. Die erfundene Figur des Mortimer trägt Züge der Verschwörer Babington und vor allem Parry. Und der Leicester des Dramas hat einige Züge von dem historischen Norfolk entliehen (so die Absicht, durch eine Ehe mit Maria den schottischen Thron zu gewinnen; und in Mortimers Aufruf zum Aufstand mag man eine Erinnerung an den nordenglischen Adelsaufstand erkennen).

Veränderungen bei der Repräsentation der Verschwörungen

Es ließen sich noch verschiedene weitere poetische Freiheiten aufzählen; etwa dass Maria in dem Drama als kinderlos erscheint (nur in I,7,700 erwähnt sie ihren Sohn). Insgesamt aber stellt Schiller den historischen Konflikt der beiden Königinnen in seiner Komplexität durchaus korrekt dar – korrekter als viele seiner Quellen. Allerdings benutzt er die Quellen parteiisch, seiner Konzeption von der geläuterten Sünderin gemäß. Hinsichtlich der schottischen Ereignisse (Ermordung Darnleys, Liebschaft mit Riccio, Umstände der Beziehung zu Bothwell) folgt er den Quellen, die Maria für schuldig halten, für die englischen Ereignisse (Mordanschläge gegen Elisabeth) jedoch denen, die Marias Unschuld beteuern.

Parteiische Nutzung der Quellen

Entstehung und Rezeption

Entstehung und Rezeption

- Nach Beendigung der *Wallenstein*-Trilogie Aufnahme der Arbeit an *Maria Stuart*.
- 1800 Aufführungen in Weimar und in Berlin. Die Aufführungen waren große Theatererfolge.
- Die Buchausgabe 1801 wurde von der Kritik teils hoch gelobt, teils erregten drei Szenen erheblichen Anstoß: die Begegnung der Königinnen, Mortimers Liebeserklärung und die Abendmahlsszene, wegen der das Stück auch weiterhin Schwierigkeiten mit der Zensur hatte.
- Im 19. Jahrhundert war Schiller der meistgespielte ‚seriöse' Autor, besonders mit *Maria Stuart*.

Entstehung und Rezeption

Auf den Maria-Stuart-Stoff war Schiller schon früher aufmerksam geworden, während seines Bauerbacher Aufenthalts 1782. Er las damals auch Werke über schottische Geschichte, legte das Thema dann aber zugunsten des *Don Karlos* beiseite. Als er nach Beendigung der *Wallenstein*-Trilogie nach einem neuen Stoff zu suchen begann, fiel seine Wahl auf Maria Stuart: Im April 1799 begann er mit dem Stück, und er konnte es in wenig mehr als einem Jahr abschließen. Während dieser Zeit stand er in ununterbrochenem anregendem Gedankenaustausch mit Goethe. Im Dezember 1799 siedelte er von Jena nach Weimar über, was er sich nach dem finanziellen Erfolg des *Wallenstein* leisten konnte; die Nähe zur Bühne war ihm für seine dramatische Arbeit wichtig. Goethe beschäftigte ihn de facto wie einen Mitdirektor mit einer Fülle von Regie- und Dramaturgiearbeiten.

Uraufführung 1800

Am 9. Juni 1800 war *Maria Stuart* abgeschlossen, und bereits am 14. Juni fand in Weimar die Uraufführung statt, am 16. Juni folgte eine Wiederholung und am 3. Juli eine Aufführung der Weimarer Theatergruppe im Sommertheater in Lauchstädt. Im Januar 1801 führte Iffland das Stück in Berlin auf. (Schillers Brief an Iffland bezüglich der Besetzung der Rollen von Maria und Elisabeth wurde oben erwähnt, S. 115)

Erfolg der ersten Aufführungen

Die Aufführungen waren große Theatererfolge. Über die Lauchstädter Aufführung beispielsweise berichtet der Regisseur Becker:

> „Das Stück hat so gefallen, daß ich mich einer solchen Sensation nicht erinnern kann. Das einstimmige Urtheil von allen Zuhörern war: es ist das schönste Schauspiel welches Deutschlands Bühne je dargestellt hat. […] Den Cassirer hat man gar nicht zur Casse kommen lassen Nachmittag um halb 5 Uhr hatte man schon alle Billets aus seiner Wohnung abgeholt. Die Wuth der Menschen über das kleine Haus war so gros, daß wir die Musici aus dem Orchester auf das Theater plazirten, und Selbes mit Zuschauern vollpfopften, sie boten Einnander selbst für ein Billet welches 8 g [Groschen] kostet 3 Rthlr [Taler]: Dennoch musten über 200 Menschen zurück bleiben." (Zit. nach: E & D, S. 77)

Und Schiller selbst schreibt an seinen Freund Körner am 16. Juni 1800:

> „Die vorige Woche kam ich zurück und dirigirte die Proben auf dem Theater, vorgestern ist sie gespielt worden, und mit einem Succeß, wie ich ihn nur wünschen konnte. Ich fange endlich an, mich des dramatischen Organs zu bemächtigen und mein Handwerk zu verstehen."

Eigenartig berührt die Bescheidenheit des inzwischen berühmten Dramatikers.

Erste Buchausgabe 1801

Die erste Buchausgabe von *Maria Stuart* erschien erst 1801, ein Jahr nach der Uraufführung. Die Kritiken sowohl der Uraufführung als auch der Buchausgabe schwanken zwischen höchstem Lob und erheblichen Vorbehalten. Anstoß erregten immer wieder die Begegnung der Königinnen, Mortimers Liebeserklärung III,6 und die Abendmahlsszene V,7. Wegen der Abendmahlsszene hatte es schon im Vorfeld der Uraufführung eine Intervention des Weimarer Herzogs gegeben; bei der Mortimer-Szene entsetzte sich die Berliner *Vossische Zeitung* über die „viehische Sinnlichkeit"; und in Bezug auf die Begegnungsszene taucht schon früh das Wort von den „zankenden Fischweibern" auf (vgl. S. 47).

Urteil der Kritik

Drei Anstoß erregende Szenen

Zensurschwierigkeiten

Vor allem wegen der Abendmahlsszene hatte das Stück auch Schwierigkeiten mit der Zensur, besonders in katholischen Gegenden. In Österreich wurde nach mehreren vergeblichen Versuchen erst 1814 die Aufführung genehmigt, als man zur Unterhaltung der Teilnehmer des Wiener Kongresses unbedingt neue Stücke brauchte; natürlich musste das Werk von allen Anstößigkeiten gereinigt werden.

Insgesamt jedoch hatte *Maria Stuart* im Deutschland des 19. Jahrhunderts einen beträchtlichen Bühnenerfolg – im Rahmen des für klassische Dramen erwartbaren Erfolges, der sich mit dem populär-trivialer Stücke natürlich nicht messen konnte. Für die Aufführungspraxis des Dresdener Hoftheaters in den Jahren 1789–1813 hat man ermittelt:

Aufführungszahlen

> „Von den 1471 Vorstellungen dieser Jahre entfällt der Löwenanteil ganz selbstverständlich auf Iffland mit 143 (etwa 10 %) und Kotzebue mit 334 (22,5 %); dagegen stehen die Klassiker weit zurück, aber während auf Goethe und Lessing in diesen zweieinhalb Jahrzehnten nur je sechs Vorstellungen fielen, brachte es Schiller auf 46 (‚Fiesco', ‚Kabale und Liebe', ‚Don Carlos', ‚Die Braut von Messina' wurden je viermal aufgeführt, ‚Wallenstein' fünfmal, ‚Maria Stuart' sechsmal, ‚Die Jungfrau von Orleans' zehnmal, ‚Wilhelm Tell' zweimal)". (Zit. nach: Leipert, 1991, S. 23)

Und für Aufführungen in Deutschland im 19. Jahrhundert nennt Grawe folgende Zahlen: „Am Burgtheater in Wien wurde *Maria Stuart* von 1814 bis 1875 144mal gespielt und war damit nach Lessings *Emilia Galotti* das meistgespielte Stück. An den königlichen Theatern in Berlin wurde *Maria Stuart* von 1801 bis 1885 268mal gespielt. Schiller war der meistgespielte Autor, *Maria Stuart* nach dem *Wilhelm Tell* sein meistgespieltes Stück." (E & D, S. 152)

Misserfolg in England

In England war und blieb *Maria Stuart* ein Misserfolg. Schon 1801 erschien die erste englische Übersetzung durch den in Weimar lebenden Engländer Mellish, konnte sich aber nicht durchsetzen. Auch eine Aufführung 1819 in London blieb erfolglos: „Es erscheint verständlich, daß ein Drama, das die beliebte protestantische Königin Elisabeth zugunsten der katholischen Maria so herabsetzte, in England nicht auf viel Sympathie stieß" (E & D, S. 149).

Interpretationsansätze

Interpretations-ansätze	**Interpretationsansätze** ➟ Die lange gängige Interpretation: Das Erreichen der vom Sinnlichen ganz befreiten Stufe des „Erhabenen" gestaltet eine überzeitliche Wahrheit. ➟ Eine wesentliche Korrektur dieser Interpretation: Es geht nicht um einen Dualismus von Sinnlichem und Sittlichem, sondern um deren Versöhnung in der „schönen Seele". Das Weiterbestehen von Antagonismen wird unterschiedlich stark betont. ➟ Eine grundsätzlich andere Interpretation betont die Zeitbedingtheit des klassischen Menschenbilds: Die idealistische Moral bleibe gesellschaftlich wirkungslos; es müsse aber darum gehen, die Welt zu verbessern. ➟ Neuerdings wird gesehen, dass es Schiller eben darum geht, die Menschen durch Kunst politikfähig zu machen. ➟ Ein neueres Thema der *Maria-Stuart*-Interpretation ist die Frage nach dem Rollenkonflikt der Frau als Königin. Beiden Königinnen misslingt die Balance von Rolle und Individualität. ➟ Umstritten ist die Beurteilung der Königinnen; vereinzelt gibt es den Versuch, Elisabeth auf Kosten Marias zu entlasten.

Maria Stuart galt immer als das Muster einer streng nach den klassischen Regeln gebauten klassischen Tragödie, fand aber darüber hinaus (oder vielleicht auch gerade deswegen) in der Literaturwissenschaft relativ wenig Beachtung. Noch im Jahr 2002 konstatiert Zymner, dass die Forschung „bis in die Gegenwart seltsam unengagiert und uninspiriert" bleibe (S. 104).

Storz (1959): Interesse an der Gestaltung des Stoffs

Im Schiller-Jahr 1959 gab Gerhard Storz in seinem Schiller-Buch eine anregende und immer noch sehr lesenswerte Analyse der Struktur von *Maria Stuart* und des Gestaltungswillens des Verfassers. Doch für ihn blieb die „bedeutsam-paradoxe Verspannung von Absichten und Ergebnissen", ein Zentralthema seiner Interpretation, nur „die Strukturformel für das neue Drama" (S. 331). Die Paradoxie als „Form des Handlungsverlaufes" (S. 337) hatte für ihn keine weiterreichende inhaltliche Bedeutung: Das Interesse des klassischen Dramatikers gelte allein der Gestaltung des Stoffs. So kann Storz beispielsweise schreiben:

> „Die sich überkreuzende Wirkung von Marias Weiblichkeit einerseits, ihrer geistig-seelischen Verfassung andererseits wird von Schiller gar nicht als psychologisches Problem individueller Art gesehen, sondern als Teil der dramatischen Struktur: Der Widerstreit zwischen dem Wollen, dem Gestimmtsein Marias und der Wirkung ihres ‚physischen Wesens' entspringt dem souveränen Setzen des Dramatikers, seiner Neigung, den Stoff aufzuspalten und ihn dann dialektisch zu verknüpfen." (S. 335)

Dualistische Interpretation: Läuterung vom Sinnlichen zur Idee der Freiheit

Was andererseits die inhaltliche Thematik angeht, so hielt man sich lange an die auf Schillers Aufsatz *Ueber das Erhabene* beruhende Interpretation, die sich durch das Stichwort Läuterungsdrama kennzeichnen lässt: In einem Prozess der Befreiung vom Sinnlich-Physischen, von der Welt der Notwendigkeiten, der im I. Akt oder spätestens in der Begegnungsszene einsetze, erreiche Maria eine ideale Freiheit, die ihr die Würde echten Mensch-Seins sichere. Dieser Prozess der Selbstbefreiung galt als zeitenthobene Wahrheit und als verbindlich für wahres Menschentum schlechthin.

B. von Wiese (1959): Aufhebung der sinnlichen Welt

In diesem Sinn heißt es in Benno von Wieses Schiller-Buch, ebenfalls aus dem Schiller-Jahr 1959:

> „Das Drama gipfelt in dem Tode der Maria und nur in diesem Tod. Er allein ist der Schlüssel zum richtigen Verständnis; auf ihn hin ist bereits von der ersten Szene an alles entworfen, und es bedurfte der Schillerschen Meisterschaft, das letzte Glied in einem streng determinierten Geschehen, das in seinem Ablauf nur die Notwendigkeit des Schicksals zu kennen schien, in sein Gegenteil zu verwandeln, nämlich in die ‚freie' Aufhebung der sinnlichen Welt durch den zum Unbedingten sich erhebenden menschlichen Geist. […] Im letzten Akt werden die Vorzeichen vertauscht: das Unabwendbare verwandelt sich in die freie Tat des Menschen." (S. 719)

Verankerung des Daseins im Transzendenten

> „In der Phantasie sollte jener religiöse Vorgang vorweggenommen und damit auch schon realisiert werden, wie der durch die Übermacht des Endlichen bis zur Vernichtung bedrohte Mensch sein Dasein endgültig im Transzendenten verankert. Weil sich aber dieses Transzendente auf Erden immer wieder

entzieht, so kann es der Mensch nur erreichen, wenn er auf der Erde der ‚Fremdling' bleibt, dem erst in der freien Identifizierung mit dem Tode die Vereinigung mit dem nicht mehr aussagbaren Gott vergönnt ist." (S. 723)

Eine neue Beschäftigung mit der Thematik von *Maria Stuart* setzte in den 70er-Jahren ein, als man historische Dimensionen neu zu beachten und auch die Klassik als historisch bedingt zu sehen begann. Eine sehr anregende umfassende Neuinterpretation hat Gert Sautermeister 1979 vorgelegt (in neuer Ausgabe 1992). Er wendet sich dagegen, das Stück als Läuterungsdrama zu verstehen, vom Dualismus zwischen Natur und Idee her, und stellt dagegen Schillers Konzept der „schönen Seele":

G. Sautermeister (1979): Harmonische Totalität einer „schönen Seele"

„Der tiefgreifende Wandel zwischen der Königinnen-Szene und der Todesstunde läßt sich im Horizont der ästhetischen Theorie Schillers adäquat erfassen – freilich nicht der üblicherweise zitierten Theorie des Dualismus, sondern der versöhnenden Synthesis-Konzeption. Eine ihrer zentralen Kategorien ist die ‚schöne Seele' – Symbol der harmonischen Verfassung des Individuums, das seine sinnlich-natürlichen und sittlich-geistigen Kräfte zwanglos versöhnt. [...] Die schöne Seele ist weder Resultat einer kontinuierlichen Verinnerlichung des ‚Sittengesetzes' noch einer heroischen Abweisung der Naturkräfte (der ‚Empfindungen, Triebe, Affekte, Leidenschaften'). Sie fällt vielmehr einem Menschen zu, der sich zu seinem unterdrückten, ‚unedlen' Selbst bekannt und es dadurch überwunden hat. Kraft dieser dialektischen Bewegung kann Maria Stuart freiwillig, aus innerem Antrieb, ihre Rachegefühle in einer Versöhnungsbotschaft aufheben." (S. 320–322)

Diese Interpretation der Verwandlung Marias zur „schönen Seele" (anstelle einer Läuterung ins absolut Erhabene) ist heute weitgehend akzeptiert, wenn auch mit unterschiedlich starker Betonung der weiterbestehenden Gegensätze. So schreibt beispielsweise Michael Hofmann 2003:

M. Hofmann (2003): Fortbestehen der Gegensätze

„Nicht von einer Läuterung der Protagonistin Maria sollte deshalb gesprochen werden, sondern von dem Verweis Schillers darauf, dass die Ästhetik des Schönen eine Versöhnung der Widersprüche des Lebens bewirken kann, die aber dessen Antagonismen unberührt lässt. So erscheint es folgerichtig, dass das Drama nicht mit der Abendmahlsszene und der Hinrichtung Marias schließt, sondern mit der Präsentation der von allen verlassenen Elisabeth, die weiterleben und die Widersprüche des historischen Prozesses aushalten muss." (S. 166)

Die Deutung des Dramenschlusses als Fortbestehen der Antagonismen hat Konsequenzen für die Beurteilung von Schillers Geschichtsverständnis. Dazu schreibt Sautermeister:

> „Sind die Menschen im Gefolge der Arbeitsteilung, des privaten Erwerbsstrebens und der wachsenden Undurchsichtigkeit des Staats einer fortschreitenden Selbstentfremdung anheimgefallen, so vermögen sie laut Schiller nur mittels der Kunst aus ihrem regressiven Dasein herauszutreten und harmonische Totalität zu gewinnen." (S. 324)

Wiedergewinnung der Harmonie durch die Kunst

Ein zweites Thema, das Sautermeister mit anhaltendem Erfolg in die Interpretation von *Maria Stuart* eingeführt hat, betrifft den Themenbereich „Patriarchalische Gesellschaft. Königinnen als Frauen" (so die Kapitelüberschrift S. 292). Er hat zuerst formuliert, was seitdem so ähnlich oft wiederholt wird:

Frauen als Königinnen

> „Vernachlässigt Elisabeth die Frau in der Regentin, so hat Maria Stuart die Regentin in der Frau vernachlässigt. Wird Elisabeth durch eine männliche Berufsethik in der patriarchalischen Öffentlichkeit hoffähig, aber auch ihrer weiblichen Anziehungskraft beraubt, so besitzt Maria Stuart diese Anziehungskraft im Übermaß, freilich zu ihrem moralisch-politischen, gewissermaßen beruflichen Nachteil." (S. 299)

Vorsichtiger – nicht-feministisch – interpretiert Peter-André Alt denselben Sachverhalt als Misslingen der „Balance von Rolle und Individualität" (Bd. 2, 2000, S. 499). Eine ausführliche Interpretation, die eine Fülle von Themen verarbeitet, haben 1989 Hans Peter Herrmann und Martina Herrmann gegeben (^{2}1992). Sie wenden sich – wie auch Sautermeister – gegen die Vorstellung von einer ewig gültigen zeitenthobenen Wahrheit des klassischen Menschenbilds:

Herrmann/Herrmann (1989): Historische Bedingtheit des Programms der Klassik

> „Was Goethe und Schiller vertraten, ist vielmehr in der literarischen Situation um 1795 ein durchaus einseitiges, sachlich und personell begrenztes und heftig umstrittenes Programm gewesen, ein Gegenkonzept gegen die damals vorherrschenden Vertreter der literarischen Aufklärung auf dem Theater und den sonstigen literarischen Bühnen." (S. 24)

Sie kommen zu dem Ergebnis, dass Schiller nach „dem – in seinen Augen – offensichtlichen Scheitern des Projekts der Französischen Revolution" nur noch „in der individuellen Entwicklung der Menschen zu mehr Selbsttreue und moralischer Integrität" eine Zukunftsperspektive gesehen habe (S. 93).

Moral bleibt gesellschaftlich wirkungslos

> „Schiller versucht, aus der Selbstbestimmung als ‚Geschlechtsmerkmal' des Menschen seine Moralität abzuleiten. Dieser Versuch scheitert. Selbstbestimmung und Moral werden in *Maria Stuart* nur scheinbar, nur äußerlich zusammengebracht. Tatsächlich fallen sie auseinander. Moral schrumpft auf Verzicht. Wo Maria wirklich moralisch handelt, auf dem Weg in den Tod, ist ihre Moral nur negativ: sie tut niemandem mehr weh. Aus allem politischen Handeln jedoch, in dem allererst Moral sich zu bewähren hätte, zieht sie sich heraus. Wirkungen, ihre Welt um sich herum zu humanisieren, gehen von ihr nicht mehr aus." (S. 118)

Gegenmodell Brecht

Als Gegenmodell gegen diese „idealistische Moral Schillers" zitieren die Herrmanns die „aufs Soziale gerichtete Verantwortungsmoral" (S. 119), wie sie Brecht im Schlussbild der *Heiligen Johanna der Schlachthöfe* fordert: „Sorgt doch, dass ihr die Welt verlassend / Nicht nur gut wart, sondern verlasst / Eine gute Welt".
Aber eben darum, die Welt zu verbessern, geht es auch Schiller – nur freilich mit anderen Mitteln und nicht sofort. Nachdem heute die Utopien im Sinne Brechts fragwürdig geworden sind, findet Schillers Ansatz bei den neueren Interpreten wieder mehr Verständnis. Die Mehrzahl der Interpretationen dürfte heute Schillers Absicht so verstehen (und würdigen) wie Kurt Wölfel ([2]2005):

K. Wölfel (2004): Den Menschen durch die Kunst politikfähig machen

> „Aber auf der Ordnung des Tages – und über den Tag hinaus der künftigen Jahrhunderte – bleibt die Frage nach der Realisierbarkeit der revolutionären Ideen. Sie ist neu zu stellen. Die Revolution ist ein für die Menschheit verlorener Prozess, weshalb es zwecklos ist, sich weiter im Streit über das politische Für und Wider zu verlieren. Geboten ist jetzt, die Lösung der Aufgabe von Grund auf neu anzugehen. Schiller entwirft ein Programm, das die Abkehr vom (Tages-) Politischen diktiert um der wirkenden Zuwendung zu einer Politik für die Jahrhunderte willen: Er macht das Ästhetische zum ‚Werkzeug', mit dem das politisch Verfehlte erreicht werden soll. Die Revolution scheiterte am Menschen, der poli-

> tisch dem Anspruch der Vernunft nicht zu entsprechen vermochte. Es muss also darum gehen, den Menschen erst einmal politikfähig zu machen. Damit der Vernunftstaat den Naturstaat, das Gesetz die Gewalt ablösen können, müssen die Menschen erst zu Staatsbürgern taugen." (S. 104 f.)

Politisch-moralische Problematik: Bewahrung der sittlichen Identität

Gesehen wird in der neueren Literatur allgemein, dass in *Maria Stuart* auch unabhängig von Marias Weg wesentliche politisch-moralische Fragen gestellt werden. So fasst etwa Michael Hofmann (2003) zusammen: Das Drama „fragt nach den Möglichkeiten und Aporien geschichtlichen Handelns, nach dem Verhältnis zwischen Selbstbehauptung und Ideal, nach der Möglichkeit, im Rahmen eines nach unabänderlichen Gesetzen ablaufenden Geschichtsprozesses die Würde und Identität des Subjekts zu bewahren." (S. 160)

Sharpe (1991): Komplexes Verhältnis von Politik und Moral

Ähnlich hat sich in der englischen Germanistik Lesley Sharpe in ihrem Schiller-Buch von 1991 gegen die einseitige Hervorhebung des Sieges der Idee gewandt und die politischen Aspekte des Stücks betont (vgl. besonders S. 259). Ebenso wie um die Darstellung von Marias moralischem Triumph gehe es Schiller auch darum, die Situation in einer Welt zu analysieren, in der eine solche Erhabenheit nur im Tod erreichbar ist. Wie in der *Wallenstein*-Trilogie untersuche Schiller auch in *Maria Stuart* das komplexe Verhältnis von Politik und Moral; es gehe um die Frage, welches Opfer an moralischer Integrität erforderlich ist, wenn man politischen Sachzwängen gerecht werden will. Dabei zeigt die Engländerin für die Situation Elisabeths relativ viel Verständnis: Elisabeth durchschaue klarer als Maria die historische Situation, werde aber gerade durch ihre Einsicht in die historische Notwendigkeit in ihrem Machtbewusstsein geschwächt.

Unterschiedliche Beurteilung Elisabehts

Elisabeth wird in der gegenwärtigen Literatur fast so unterschiedlich beurteilt wie Maria; mehr oder weniger werden beide als gemischte Charaktere gesehen. Abgesehen davon, dass bisweilen die historische Elisabeth das Bild der Dramenfigur unzulässig zu überlagern scheint, geht es bei der Beurteilung Elisabeths darum, wieweit der Interpret Sachzwänge als Rechtfertigung anerkennt und für wie heuchlerisch er Elisabeth hält.

K. S. Guthke (1994): Entlastung Elisabeths

K. S. Guthke liest in seinen Arbeiten 1994/2005 und 1998 den Dramentext so, dass Elisabeth entlastet und Maria belastet wird; aber seine Lesart ist vielfach einseitig oder sogar unrichtig. Ein charakteristisches Beispiel ist sein Kommentar zur Begegnungsszene III,4: „Und als Maria sich dann, statt bei der staatsrechtlichen Frage zu bleiben, noch zu der so brutalen wie geschmacklosen Beleidigung der (ihr durch die Gewährung ihrer Bitte immerhin entgegenkommenden) Monarchin versteigt, [...] wendet sich die Sympathie zweifellos Elisabeth zu, der Unterliegenden.“ (2005, S. 217) Doch eine „Gewährung ihrer Bitte“ kann Maria natürlich nicht erkennen, nachdem Elisabeth demonstrativ vor Marias Ohren erklärt hat, dass die Begegnung zufällig und von ihr keineswegs gewollt sei. Und bleibt etwa Elisabeth „bei der staatsrechtlichen Frage“, wenn sie (sie zuerst!) von „Buhlernetzen“ zu sprechen beginnt? Auch dass die Szene „schon nach den ersten Worten“ ausarte in Schimpfen und Gezänk (Guthke, 2005, S. 225), ist nicht korrekt: Zwischen dem Anfang und dem Stichwort „Buhlernetze“ liegen immerhin 130 Verse.

W. Wittkowski (1997): Ablehnung der feministischen Interpretation; Belastung Elisabeths

Der entschiedenste Gegner Elisabeths ist Wittkowski, der 1997 in einem Aufsatz gleichzeitig vehement gegen die „feministische“ Interpretation der Königinnen Stellung nimmt. In der dem Artikel vorangestellten Zusammenfassung heißt es:

> „Die feministische Aufwertung Elisabeths besagt: Diese müsse auf ihre Weiblichkeit verzichten; sonst könnte sie im Patriarchat keine Karriere machen, nicht Königin sein. Maria Stuart dagegen verwirkliche sich zwar als Frau, scheitere deshalb aber als Regentin. Noch ihre Verklärung vor dem Tod sei Flucht aus der politischen Wirklichkeit, in der dadurch nichts geändert werde. Der Text, der sich an bestimmte geschichtliche Überlieferungen hält, belegt jedoch eindeutig das Gegenteil: Elisabeth braucht ihre Weiblichkeit durchaus nicht zu unterdrücken und bewährt sich weder als Königin noch als Frau. Sie versagt nicht, weil sie Frau, sondern weil sie *diese* Frau ist. In Sachen Marias ist ihre Politik inkompetent und kriminell. Diese dagegen bewährt politisches Denken von hoher Moralität und Kompetenz – nicht obwohl sie Frau, sondern weil sie *diese* Frau ist. Übereinstimmend mit den Quellen inszeniert sie ihren Gang zum Tod als Christin, die persönlich bereut und vergibt, zugleich aber Gottes Rache für ihre ungerechte und verräterische Behandlung durch Elisabeth und Leicester an- und vor der Weltöffentlichkeit ausruft als Warnung vor Tyrannei – weithin ohne Erfolg [...]“. (S. 387)

In eine ähnliche Richtung weist die Interpretation von Gert Ueding (1990). Ihm ist bei Maria vor allem die ‚Authentizität' ihres Handelns wichtig und bei Elisabeth das Fehlen eben dieser Authentizität, der Mangel an Selbstverantwortung; und er erkennt in der Gegenüberstellung dieser beiden Königinnen ein Problem, dass uns auch heute direkt angeht:

G. Ueding (1990): Authentizität des Handelns bei Maria bewahrt, bei Elisabeth verfehlt

> „Maria [...] läßt sich nicht abbringen von der Einsicht, immer schon sie selbst gewesen zu sein und authentisch gehandelt zu haben und die Folgen dieses Handelns auf sich nehmen zu müssen. Sie gibt sich nicht dem bequemen und durch den zweifelhaften Fortschritt der Moral möglich gewordenen Trugschluß hin, den Teil ihres Handelns von ihrer Person gleichsam abzuspalten, von dessen Motiven sie keine Kenntnis hatte, deren Folgen sie nicht übersah, die sie eigentlich nicht gewollt hatte oder die durch das Hinzutreten anderer, fremder Zwecke verändert wurden. Ungerührt um das Rechtsempfinden, dem das 18. Jahrhundert und die bürgerliche Gesellschaft zu allgemeiner Geltung verhalfen, reklamiert sie Wollen, Tun und Vollbringen in seiner Totalität und mit allen Konsequenzen als die eigenen, auch wenn sie damit ihr Todesurteil spricht. [...] Die Gegenspielerin Elisabeth (in der anderen Schlüsselszene, IV,10) wird bis zum Schluß diesen Anspruch abweisen, mit allerlei Selbstbeschwichtigungen [...] sich zu beruhigen suchen und schließlich gar dem ‚Knecht' alle Verantwortung zuschieben. [...]
> Wäre nichts anderes aus diesem Stück herauszulesen als die Reklamierung des Subjekts für seine Tat, seine ununterbrochene Modernität bis heute stände schon außer Frage. Denn daß Elisabeth den Normalfall des politischen Akteurs darstellt bis in die Karikaturen unserer heutigen politischen Welt, ist zwar Ergebnis kulturhistorischer Entwicklung und der allgemein menschlichen Entfremdungsgeschichte, im politischen Leben aber von besonderem Unheil. Unerbittlich, als dramatisches Postulat, bindet Schiller Politik an substantielle Sittlichkeit, und Ausreden sind vor diesem Richterstuhl schon Geständnis. Doch ist er auch ein großer Psychologe und hat in dem dramatischen Zwiespalt Elisabeths samt ihrem schändlichen Selbstbetrug ein unübertroffenes Porträt des modernen *homo politicus* gezeichnet." (S. 112–114)

Elisabeth als Normalfall des modernen politischen Akteurs

Literaturhinweise

Textausgaben

Schiller, Friedrich: Werke. Nationalausgabe. Bd. 20: Philosophische Schriften. Erster Teil. Unter Mitwirkung von Helmut Koopmann hrsg. von Benno von Wiese. Weimar 1962. [Zit. als. NA.] [S. 309–412: *Ueber die ästhetische Erziehung des Menschen in einer Reihe von Briefen;* S. 251–308: *Ueber Anmuth und Würde.*] – Bd. 21: Philosophische Schriften. Zweiter Teil. Unter Mitwirkung von Helmut Koopmann hrsg. von Benno von Wiese. Weimar 1963. [S. 38–54: *Ueber das Erhabene.*] – Bd. 26: Briefwechsel. Schillers Briefe 1. 3. 1790 – 17. 5. 1794. Hrsg. von Edith Nahler und Horst Nahler. Weimar 1992. – Bd. 30: Briefwechsel. Schillers Briefe 1. 11. 1798 – 31. 12. 1800. Hrsg. von Lieselotte Blumenthal. Weimar 1961.

Schiller, Friedrich: Sämtliche Werke. Säkular-Ausgabe. Bd. 6: Maria Stuart. Die Jungfrau von Orleans. Mit Einleitung und Anmerkungen von Julius Petersen. Stuttgart/Berlin [1905]. [Zit. als: SA.]

Schiller – Goethe: Der Briefwechsel zwischen Schiller und Goethe. 3 Bde. [Leipzig] 1955.

Goethe, Johann Wolfgang: Sämtliche Werke. II. Abteilung: Briefe, Tagebücher und Gespräche. Hrsg. von Karl Eibl [u. a.]. Bd. 12 (39): Johann Peter Eckermann. Gespräche mit Goethe in den letzten Jahren seines Lebens. Hrsg. von Christoph Michel. Frankfurt a. M. 1999.

Dichter über ihre Dichtungen. Friedrich Schiller II. 1795–1805. Hrsg. von Bodo Lecke. Heimeran. [München 1970].

Sekundärliteratur

Alt, Peter-André: Schiller. Leben – Werk – Zeit. 2 Bde. München 2000. [Zu *Maria Stuart* Bd. 2, S. 492–509.]

– Friedrich Schiller. München 2004.

Beck, Adolf: Schiller, *Maria Stuart.* In: Benno von Wiese (Hrsg.): Das deutsche Drama vom Barock bis zur Gegenwart. Interpretationen. Bd 1. Düsseldorf ^{2}1960. S. 305–321.

Darsow, Götz-Lothar: Friedrich Schiller. Stuttgart/Weimar 2000.

Freytag, Gustav: Die Technik des Dramas. Leipzig ^{8}1898.

Grawe, Christian: Friedrich Schiller, *Maria Stuart.* Erläuterungen und Dokumente. Bibliographisch ergänzte Ausgabe. Nachdr. Stuttgart 2006. (^{1}1999.) [Zit. als E & D.]

– Friedrich Schiller, *Die Räuber.* Erläuterungen und Dokumente. Nachdr. Stuttgart 2002. (^{1}1976.)

Guthke, Karl S.: *Maria Stuart.* In: Schiller-Handbuch. Hrsg. von Helmut Koopmann. Stuttgart 1998. S. 415–441.

– Schillers Dramen: Idealismus und Skepsis. 2., um ein Zusatzkapitel „Zehn Jahre später: Schiller im Schiller-Jahr“ erw. und bearb. Aufl. Tübingen 2005. (^{1}1994.)

Herrmann, Hans Peter / Herrmann, Martina: Friedrich Schiller: *Maria Stuart.* Frankfurt a. M. 1989.

Hofmann, Michael: Schiller. Epoche – Werke – Wirkung. München 2003.

– Schillers Reaktion auf die Französische Revolution und die Geschichtsauffassung des Spätwerks. In: Schiller und die Geschichte. Hrsg. von Michael Hofmann, Jörn Rüsen und Mirjam Springer. München 2006. S. 180–194.

Ingen, Ferdinand van: Macht und Gewissen. Schillers *Maria Stuart.* In: Wolfgang Wittkowski (Hrsg.): Verantwortung und Sympathie. Zur Literatur der Goethezeit. Ein Symposium. Tübingen 1988. S. 283–309.

Klotz, Volker: Geschlossene und offene Form im Drama. München ^{8}1976.

Koopmann, Helmut: Schiller. München/Zürich 1988.

Leipert, Reinhard: Friedrich Schiller: *Maria Stuart.* München 1991.

Luserke-Jaqui, Matthias: Friedrich Schiller. Tübingen/Basel 2005.

Oellers, Norbert: Schiller. Elend der Geschichte, Glanz der Kunst. Stuttgart 2005.

Safranski, Rüdiger: Schiller oder Die Erfindung des Deutschen Idealismus. München/Wien 2004.

Sautermeister, Gert: *Maria Stuart.* Ästhetik, Seelenkunde, historisch-gesellschaftlicher Ort. In: Walter Hinderer (Hrsg.): Schillers Dramen. Interpretationen. Nachdr. Stuttgart 2006. (^{1}1992.) S. 280–335. [Ursprüngliche Fassung in: Walter Hinderer, Hrsg.: Schillers Dramen. Neue Interpretationen. Stuttgart 1979.]

Sharpe, Lesley: Friedrich Schiller. Drama, Thought and Politics. Cambridge 1991.

Storz, Gerhard: Der Dichter Friedrich Schiller. Stuttgart 1959.

Ueding, Gert: Friedrich Schiller. München 1990.

Vonhoff, Gert: *Maria Stuart.* In: Schillerhandbuch. Leben – Werk – Wirkung. Hrsg. von Matthias Luserke-Jaqui. Stuttgart/Weimar 2005. S. 153–168.

Wiese, Benno von: Friedrich Schiller. Stuttgart 1959.

Wittkowski, Wolfgang: Können Frauen regieren? Schillers *Maria Stuart:* Poesie, Geschichte und der Feminismus. In: Orbis Litterarum 52 (1997) S. 387–409.

Wölfel, Kurt: Friedrich Schiller. München ^{2}2005.

Zymner, Rüdiger: Friedrich Schiller. Dramen. Berlin 2002.

I Burleigh vs. Shrewsbury – Politik und Moral

Vorliegende Szene: *Maria Stuart* I,3

Aufgabenstellung

1. Untersuchen Sie, ausgehend von der Staatsrat-Szene I,3, Positionen und Charaktere Burleighs und Shrewsburys.
2. Wie beurteilt das Drama die Chancen, in der Politik an Grundwerten festzuhalten?

Lösungsvorschläge

1:

- **Burleigh** ist ein kalter Realpolitiker, der sich ausschließlich an Sachzwängen orientiert. Maßgebend für ihn ist allein die Sicherheit Englands, die, so glaubt er (nach den Erfahrungen mit der „blutigen Maria"), entscheidend vom Wohlergehen Elisabeths abhängig ist. Er beurteilt die Lage objektiv. Die Gefahren, die er sieht, bestehen wirklich: die Bedrohung durch die katholische Partei, besonders die lothringischen Guisen und die katholischen englischen Emigranten auf dem Festland, ist durchaus real. Durch die von Burleigh betriebene französische Heirat ist diese Gefahr zwar verringert, aber keineswegs beseitigt. Burleigh hat zwar Unrecht, wenn er Maria als die Anstifterin aller Anschläge auf Elisabeth bezeichnet; aber es ist richtig, dass Maria unfreiwillig das Symbol und Ziel aller Umsturzversuche ist. Burleigh vertritt daher, aus Sicherheitsgründen, die unbedingte Forderung nach dem Tod Marias.
- Dabei setzt er sich zugunsten der Sachzwänge bedenkenlos über Recht und Moral hinweg. Schon im I. Akt hat er im Streitgespräch mit Maria die Behauptung der Rechtmäßigkeit des Urteils nicht durchhalten können (I,7). Gegenüber Paulet gibt er dann offen zu, dass Prozess und Verurteilung nicht rechtens waren. Eine Einhaltung der Rechtsnormen „war nicht zu wagen" (I,8,990). Und er versucht sogar, Paulet zur heimlichen Liquidierung Marias zu überreden (wohl im Einverständnis mit seiner Königin, wie sich in II,5 zeigt).
- Natürlich will er dann im weiteren Verlauf jeden Rettungsversuch verhindern. So widersetzt er sich Marias Bitte um eine Begegnung (II,4); er widersetzt sich Shrewsburys Bitte um Aufschub der Vollstreckung des Urteils (IV,9); und schließlich erzwingt er den sofortigen Vollzug der Hinrichtung, indem er Davison das Urteil gewaltsam entreißt (IV,12). Er erfüllt damit Elisabeths Wünsche besser, als sie zugeben will. Sie lohnt es ihm, um den

Anschein ihrer Milde und Gerechtigkeit zu wahren, mit Verbannung. Er opfert sich also – selbstlos – im Dienste seiner Auffassung von politischer Notwendigkeit, die alle anderen Normen überschreiten darf.

- **Shrewsbury** ist der leidenschaftliche Fürsprecher für Gerechtigkeit und Humanität – das genaue Gegenbild zu Burleigh also. Auch ihm geht es um das Wohl seines Landes und seiner Königin; aber für ihn gehört zu diesem Wohl auch die moralische Integrität. Damit beginnt er in II,3: Möge England „sein Glück mit seinem Ruhme nicht / Erkaufen!" (V. 1311 f.). Die Verurteilung Marias ist ein eindeutiger Rechtsbruch, den er nicht akzeptieren will (V. 1315 ff.). Er will keine Konzessionen an Sachzwänge hinnehmen; Elisabeth soll nicht ‚dem Dringen ihres Volks gehorchen' (V. 1331). Und er wirbt um „Barmherzigkeit" (V.1359), um Verständnis für die Umstände und Bedingungen, die Maria verführt haben (V. 1366 ff., 1388 ff.).
- In diesem Sinn setzt er sich für die Begegnung der Königinnen ein (II,4); und er versucht vor der Begegnung der Königinnen die erregte und verbitterte Maria durch freundlichen Zuspruch zu beruhigen (III,3). In der entscheidenden Stunde vor Unterzeichnung des Todesurteils, IV,9, mahnt er dann noch einmal – jetzt mit der Autorität dessen, der seiner Königin gerade das Leben gerettet hat –, Elisabeth dürfe sich nicht von der aufgeregten Menge zwingen lassen. Er sieht hier auch, vielleicht richtiger als Burleigh, die mögliche politische Folge einer ungerechten Hinrichtung, nämlich dass die tote Maria gefährlicher sein wird als die lebende und dass an die Stelle der ‚herrlichen Gerechtigkeit' Elisabeths die ‚furchterregende Tyrannei' einziehen wird (V.3132 ff.). Schließlich hat er noch einmal den eigentlichen Belastungszeugen, den Schreiber Kurl, verhört und ermittelt, dass dessen Geständnis falsch war; doch als er in V,13 davon berichtet, ist es schon zu spät, und Elisabeth vermag bzw. braucht Nachgeben nur noch zu heucheln.
- Dass er in der Schluss-Szene sein Amt niederlegt, ist sein Urteil über Elisabeth und zugleich Eingeständnis des eigenen Scheiterns. Er hat Elisabeths „edlern Teil / Nicht retten können". Seine letzten Worte formulieren das doppelte Ergebnis des Geschehens: Elisabeth hat von nun an „nichts mehr zu fürchten" (was das Ziel von Burleighs Sicherheitspolitik war), und sie braucht „nichts mehr zu achten" (das ist die Gefahr der Tyrannei, vor der Shrewsbury gewarnt hat).

2:

- Shrewsbury bewahrt seine Identität, hält an seinen ethischen Werten fest – aber er scheitert in der aktuellen Politik: Weder kann er Maria retten noch kann er Elisabeths „edlern Teil" retten; und ihm selbst bleibt, wenn er seine Grundsätze nicht aufgeben will, nichts als der Rückzug ins Private.
- Auf der anderen Seite stehen die Personen, die sich über ethische Normen hinwegsetzen und damit in der Tagespolitik Erfolg haben, dabei aber als

Personen verkommen. Burleigh erscheint als ein bloßer Funktionär, der im Dienst einer Sache auf eigene Moralvorstellungen verzichtet. Elisabeth steht, nach Shrewsburys Urteil, der Weg in die Tyrannei offen.

- Etwas anders Mortimer, der um der Sache willen (um die katholische Märtyrerin zu retten) gegen die Moral verstößt, aber ganz bewusst und mit argumentativer Begründung (nach I,6 besonders III,6). Er bemerkt dabei gar nicht, dass er sich selbst täuscht: dass er in Wahrheit die Geliebte für sich in Besitz nehmen will.
- Leicester scheint sich bei seinem den jeweiligen Sachzwängen angepassten Taktieren gar nicht bewusst zu sein, dass es so etwas wie ethische Normen geben könnte. Erst als er Marias Hinrichtung miterlebt (V,10), kommt er zu der Einsicht, was er getan hat; und er bricht unter diesem Bewusstsein zusammen. In dem Augenblick, da er aus seinem taktisch geschickten Verhalten endgültigen Nutzen ziehen könnte (als einzig Verbliebener von den Räten Elisabeths), flieht er entsetzt ins Ausland.
- Das Drama sieht keine Möglichkeit, praktisch erfolgreiche Politik mit ethischen Grundwerten zu verbinden.

II Leicester und Mortimer

Vorliegende Szene: *Maria Stuart* II,8

Aufgabenstellung

1. Erläutern Sie die Funktion dieser Szene.
2. Analysieren Sie die Charaktere von Leicester und Mortimer in dieser Szene.
3. Untersuchen Sie Leicesters Verhalten und seinen Charakter im Ganzen des Dramas.

Lösungsvorschläge

1:

Die Szene zeigt das Treffen zweier potenzieller Retter Marias. Diese selbst hat gewünscht, dass Mortimer zu Leicester Kontakt aufnimmt; denn im Gegensatz zu Mortimer, der auf eine gewaltsame Befreiung setzt, glaubt sie, dass nur „der freie Wille der Elisabeth" ihres „Kerkers Tore" auftun könnte, und sie hält Leicester für den Einzigen, der das bewirken kann (I,7,661 ff.).

Abgesehen von der Gegenüberstellung der beiden sehr unterschiedlichen Freunde Marias bringt die Szene sachliche Informationen, die das weitere Handeln von Leicester und Mortimer verursachen bzw. erklären:

- Leicester beschreibt seine prekäre Stellung zwischen Elisabeth, deren Günstling und Geliebter er ist, und Maria, die einst seine Braut sein sollte und die er jetzt (angeblich) wieder liebt; diese Stellung zwinge ihn zu äußerster Vorsicht, so dass er nur auf Zeitgewinn setzen könne.
- Mortimer informiert Leicester über seinen Plan einer gewaltsamen Befreiung, vor dem Leicester entsetzt zurückschreckt.
- Um zu beweisen, dass rasches Handeln nötig ist, berichtet Mortimer von dem Mordauftrag Elisabeths (in II,5).
- Bei Leicester aber weckt diese Mitteilung die Hoffnung, dass einstweilen Zeit gewonnen sei.
- In dieser Zeit will er zur Rettung Marias den Plan einer Begegnung der Königinnen (der in II,4 durch Marias Bittbrief angestoßen worden ist) energisch weiterverfolgen (was er dann in II,9 im Gespräch mit Elisabeth tut).

2:

Leicester und Mortimer sind zwei sehr unterschiedliche Verbündete. Sie sind gegensätzlich im Temperament: bei Leicester das Zögern und vorsichtige Taktieren des Höflings, gelegentlich geradezu Feigheit (V. 1845–56); bei Mortimer die leidenschaftliche, zum Tode bereite Entschlossenheit des Fanatikers. Und sie sind Gegensätze hinsichtlich der Absicht: Leicester geht es um den eigenen Vorteil: Er hofft, durch Marias Rettung gewinnen, möglicherweise irgendwie doch noch König werden zu können. Mortimer geht es (zunächst noch) um die gute Tat, um die Rettung der zu Unrecht Leidenden, die seiner Meinung nach die wahre Königin sein müsste. In V. 1866 f. formuliert Mortimer diesen Gegensatz zwischen „besitzen" und „bloß retten". (Mortimer wagt den Wunsch, Maria zu besitzen, erst in III,6 zu denken und auszusprechen.) In der Stichomythie V. 1868 ff. prallen die Gegensätze zwischen den beiden Charakteren in pointierten Formulierungen aufeinander.

- Leicester offenbart in dieser Szene mit klaren Worten, welche Orientierungspunkte sein Handeln bestimmen: die Anpassung an die jeweiligen Sachzwänge und Umstände; seine Triebfeder ist der Ehrgeiz. Er verweist auf den „Zwang der Zeiten", V. 1760 f., und auf die „Gestalt der Dinge", die sich verändere. Dass Ehrgeiz früher seine Zurückweisung Marias verursacht hat, bekennt er in V. 1770 ff.; dass er jetzt nicht mehr aus ‚kaltem Ehrgeiz', sondern aus wahrer Liebe zu ihr zurückkehren will (V. 1805 ff.), ist wenig glaubhaft: Genauso feurig kann er sich in II,9 für Elisabeth begeistern, für die er angeblich auch schwärmen würde, wenn sie die „ärmste Hirtin" wäre (V. 1954 ff., 2000 ff.). Echter (und weniger feurig) klingt es, wenn er Maria als ein „Brett" bezeichnet, das ihn ‚in diesem Schiffbruch seines Glücks' retten soll (V. 1805–1807). – Der Ehrgeiz und die Notwendigkeit der Anpassung an die Umstände haben ihn gezwungen, zehn Jahre lang die Erniedrigungen durch Elisabeth zu ertragen: Die Prinzipien seines Handelns haben ihn also zur Selbsterniedrigung gezwungen (V. 1775 ff.).
- Mortimer ist bereit zu entschlossenem Handeln im Dienste seiner Idee. Dem Taktieren Leicesters hält er die Forderung entgegen, ‚öffentlich zu handeln', V. 1923.
- Für Leicester hat er (herablassendes) Bedauern, V. 1753–1755, 1793, gelegentlich wohl auch Ironie, V. 1768; er macht ihm Vorwürfe wegen seiner Untätigkeit und seines mangelnden Mutes. Die Schlussverse der Szene sind wohl verächtlich.

3:

Schon in der Staatsrat-Szene II,3 hat Leicester versucht, gegen Burleighs Drängen auf die Hinrichtung für Maria wenigstens Zeit zu gewinnen, in der vagen Hoffnung auf irgendeine künftige Rettungsmöglichkeit. Allerdings tritt er nicht direkt für Maria ein, sondern setzt sie im Gegenteil herunter, macht sie gegenüber Elisabeth verächtlich und stellt sie als ungefährlich dar. Die Aussetzung des Todesurteils sei der wahre Vorteil; die Hinrichtung könnte Mitleid ins Leben rufen (V. 1441, 1448 f.). Das klingt wie Shrewsburys Argumentation, entspringt aber einem anderen Motiv: Was bei jenem Sorge um das Recht war, ist bei ihm taktisches Mittel zum Zeitgewinn.

In II,9 verfolgt er den durch Marias Bitte in II,4 angeregten Plan einer Begegnung der Königinnen weiter. Als er merkt, dass Elisabeth eigentlich daran interessiert ist, Maria in einem Schönheitswettbewerb zu demütigen, gibt er sich den Anschein, sie zu diesem Treffen zu überreden – wieder, indem er Maria, d. h. hier ihre Schönheit, herabsetzt. Er hofft, dass durch die Begegnung mit Elisabeth, der Königin, eine Hinrichtung unmöglich würde (so wie Burleigh es seinerseits gefürchtet hat). Durch den katastrophalen Ausgang des von ihm forcierten Begegnungsplans trägt er dann aber wesentlich zur Beschleunigung von Marias Tod bei.
Nach dem Scheitern des Begegnungsplans und nach dem Mordanschlag auf Elisabeth schwenkt Leicester um und versucht alles, um sich und seine Position am Hofe zu retten: in IV,4 durch den Verrat an Mortimer, der ihn doch gerade warnen wollte; und in IV,6 gegenüber Elisabeth und Burleigh durch geschicktes Umdeuten seiner Kontakte zu Maria zu einem Spionage-Unternehmen zum Schutz Elisabeths.
Leicester ist der nur auf seine Position bedachte Höfling ohne moralische oder politische Grundsätze. Beim Tod Marias allerdings, als das Beil fällt, bricht er unter der Last seines Gewissens zusammen (V,10): Hier wird ein echter Persönlichkeitskern erkennbar. Jetzt verzichtet er auf seine Stellung bei Hofe, die nun wohl unangefochten wäre: Sie ist für ihn nicht mehr erträglich, er flüchtet „zu Schiff nach Frankreich“ (V,15).

III Mortimer

Vorliegende Szene: *Maria Stuart* II,6

Aufgabenstellung

1. Interpretieren Sie den Monolog: Prüfen Sie Argumente, Beweggründe und Hoffnungen Mortimers. Beachten Sie auch seinen Sprachstil.
2. Untersuchen Sie Charakter und Verhalten Mortimers im Ganzen des Dramas.

Lösungsvorschläge

1:

– Mortimer rechtfertigt in diesem Monolog vor sich seinen Entschluss, Elisabeth zu verraten. Grund für den Verrat ist Elisabeths Mordauftrag (II,5), zumal dessen Zweck ist, ‚die Welt zu täuschen', den Schein der Gerechtigkeit und Gnade zu wahren. Schlechtigkeit rechtfertigt seiner Meinung nach Verrat und Hinterlist. Hinzu kommt noch, dass Mortimer beleidigt ist, dass die Königin ihm einen Mord zutraut. Mortimer übersieht dabei, dass er mit seiner Argumentation V. 1632–1641 auch sich selbst verurteilt: Auch er ‚täuscht' (schon bevor er Elisabeths Mordauftrag erhalten hat), auch er gibt sich den „Heuchelschein" treuer Ergebenheit. Und: Er ist ja tatsächlich ein potenzieller Mörder – nicht nur Elisabeths, sondern sogar des eigenen Oheims (III,6,2511 ff.). Mortimer ist ein Fanatiker, der seine eigenen ideologiebestimmten Moralgesetze hat.

– Im zweiten Teil des Monologs, ab V. 1642, vergleicht Mortimer die Schönheit und Attraktivität von Elisabeth und Maria – angeregt dadurch, dass Elisabeth ihm am Schluss von II,6 ihre „Frauengunst" in Aussicht gestellt hat. Elisabeth habe nur ‚tote Güter' und ‚eiteln Ruhm' zu vergeben – Maria dagegen habe ein liebendes Herz – „Das *eine* Höchste, was das Leben schmückt" (V.1652). Er denkt hier kaum noch an die Befreiung seiner Königin, sondern vielmehr an das Erringen der geliebten Frau (V. 1661: „und auch der Preis sei mein!").

– Ein Außer-sich-Geraten, ein Überschreiten der Grenzen zeigt sich auch in Stil und Metrik: Sobald Mortimer an Maria denkt, spricht er in (entgegen der Norm) gereimten Blankversen, gewissermaßen in lyrischen Versen statt in Sprechversen. (V. 1657–1659, als er an Leicester denkt, bleiben die Verse bezeichnenderweise reimlos; aber die Schlussverse, beim Gedanken an Maria, sind wieder gereimt.)
  Entsprechend unterschiedlich ist die Wortwahl in den beiden Teilen: Im

argumentierenden ersten Teil herrschen negative Begriffe vor (falsch, gleisnerisch, ruchlos, Heuchelschein, Mörderhilfe). Beim Gedanken an Maria wählt Mortimer schwärmerische, begeisterte Worte (des Lebens Reiz, ew'ger Freudenchor, Anmut, Frauenkrone), mit dem Höhepunkt V. 1653 f.: „Wenn sich ein Herz, entzückend und entzückt, / Dem Herzen schenkt".

2:

- Der Lebensbericht Mortimers in I,6 ist zu einem großen Teil bestimmt von seinem Erlebnis des Schönen, seiner Begeisterung für das Schöne. Dies Plädoyer für die Einbeziehung des Ästhetischen in eine harmonische Totalität von Sinnenglück und Seelenfrieden könnte im Sinn Schillers positiv sein. Doch von einer harmonischen Totalität kann eben bei Mortimer keine Rede sein: Das Erlebnis des Schönen hat bei ihm von Anfang an zum Fanatismus geführt, wie der zweite Teil seines Lebensberichts I,6 dokumentiert. Die katholischen Gegner Englands haben Mortimers Schönheitsbegeisterung für ihre politischen Zwecke instrumentalisiert.
  Und zweitens herrscht bei Mortimer von Anfang an eine bedenkliche Vermischung des Ideal-Sinnlichen mit dem Erotisch-Sinnlichen. Marias Bild hat ihn beim ersten Anblick ‚in tiefster Seele' ergriffen (V. 503 ff.); bei der Begegnung mit Maria selbst, V. 549 ff., hat sich diese Leidenschaft noch gesteigert, da ist sie schon die Angebetete; der vorliegende Monolog II,6 geht mit dem Vorsatz, die Gerettete zu besitzen (V. 1661) noch einen entscheidenden Schritt weiter.
- Andererseits erscheint Mortimer in allen Szenen, in denen er nicht direkt an Maria denkt, als der rational, entschlossen und energisch Handelnde. Bei der Begegnung mit Leicester II,8 ist eindeutig Mortimer der positive Charakter im Vergleich zu dem taktierenden, hinhaltenden, ängstlichen Leicester. So erst recht auch noch in IV,4, als Mortimer Leicester warnen kommt und von diesem verraten wird.
- Beide Merkmale steigern sich im Verlauf des Dramas ins eindeutig Negative. Die Begeisterung für Maria steigert Mortimers Fanatismus ins immer Hemmungslosere: Aus dem Befreiungsplan wird ein eindeutiger Mordplan, bei dem Mortimer auch vor der Ermordung seines Oheims nicht zurückschrecken will (III,6,2517 ff.). Und aus der begeisterten Verehrung wird der gewalttätige Wunsch, Maria zu besitzen (V. 2576 ff.). Wenn er Marias Liebesaffären aufzählt, um zu beweisen, dass sie auch für ihn erreichbar sein muss (ob sie will oder nicht: V. 2591), dann demütigt er sie gerade so, wie es vorher Elisabeth getan hat (III,4,2413 ff.).
- Sterbend nimmt Mortimer die Ausschweifung ins grob Erotische gewissermaßen zurück, indem er die irdische und die himmlische Maria fast gleichsetzt.

IV Elisabeth – eine Frau als Königin

Vorliegende Szene: *Maria Stuart* III,4

Aufgabenstellung

1. Zeigen Sie, wie es in der Begegnungsszene III,4 zur Verschiebung des Streits vom Politischen ins Privat-Persönliche kommt.
2. Zeigen Sie an der Königin Elisabeth, wie das Drama das Problem der Frau in der Politik sieht.

Lösungsvorschläge

1:

Die Auseinandersetzung zwischen den Königinnen verläuft bis V. 2402 relativ sachlich, auch wenn Maria „mit steigendem Affekt" spricht (Bühnenanweisung vor V. 2261). Allerdings beginnt Elisabeth bereits in V. 2373 ff. den Stil von der Argumentation zur Eifersucht zu verschieben, indem sie von Marias „Buhlernetzen" und von Maria als der „neu aufgehenden Sonne" spricht. Der endgültige Wechsel erfolgt V. 2403 ff.: Nachdem Maria ihrem ‚Anspruch auf das Reich entsagt' hat (V. 2379), kann Elisabeth triumphierend den Sieg ihrer Sache verkünden. Im Vollgefühl dieses politischen Sieges sucht sie jetzt auch als „Weib" sich neben oder vielmehr über die Gegnerin zu stellen (vgl. V. 2415). Offenbar empfindet sie hinsichtlich ihrer Weiblichkeit ein Defizit, das sie durch entwürdigendes Herabsetzen der Nebenbuhlerin kompensieren will. Dass ihr das nicht gelingt, verletzt sie zutiefst: Sie vermag nur noch ‚für Zorn sprachlos wütende Blicke zu schießen' (vgl. Bühnenanweisung nach V. 2444).

2:

- Die Personen des Dramas haben alle das typische Bild von der Frau als einem weichen, schwachen Wesen. So sagt etwa Shrewsbury in V. 1373: „Denn ein gebrechlich Wesen ist das Weib"; Leicester erklärt in V. 1802 Elisabeths Wankelmut: „Sie ist ein Weib, und er [der französische Bräutigam] ist liebenswert"; und noch Melvil begleitet die Vergebung von Marias früherer Schuld mit den Worten: „Du fehltest nur aus weiblichem Gebrechen", V. 3740.
- Elisabeth akzeptiert im Prinzip die naturgegebene Rolle der Frau; im Zusammenhang der französischen Werbung, II,2, spricht sie von der „Ordnung der Natur", den „Pflichten der Natur" und dem „Naturzweck" der Frau (V. 1173–1182). Sie bedauert sich auch gelegentlich als „ein wehrlos Weib" (im Monolog IV,10,3221).

Andererseits weist sie Shrewsburys Worte von dem gebrechlichen Wesen strikt zurück, V. 1374–1376: „Das Weib ist nicht schwach. Es gibt starke Seelen / In dem Geschlecht".

Der Widerspruch erklärt sich so, dass Elisabeth für sich eine Sonderrolle in Anspruch nimmt: die der ‚strengen Königspflichten' (V. 1979 ff.) – während Maria dagegen „nur" ein Weib sein wollte (V. 1986; „nur ein Weib" sagt sie auch in V. 1169 f.). Pflichterfüllung und Entsagung sind für Elisabeth etwas Höheres als der „Naturzweck", und dafür erwartet und fordert sie Anerkennung.

- Doch hat sie das Gefühl, dass sie diese Anerkennung ihrer Rolle nicht vollständig erhält, dass sie aus der Rollenerwartung nicht herauskommt. Das äußert sich zum Beispiel in der Szene mit den französischen Gesandten: Das Volk, das einen Erben fordert, „zeigt mir dadurch an, dass ich ihm nur / Ein Weib bin, und ich meinte doch, regiert / Zu haben, wie ein Mann und wie ein König" (II,2,1169–1171). Das Vermissen der gebührenden Anerkennung veranlasst Elisabeth gelegentlich, sich durch eitle Selbstdarstellung diese Anerkennung selbst zuzusprechen; so etwa am Anfang der Begegnungsszene: „Mein gutes Volk liebt mich zu sehr. Unmäßig, / Abgöttisch sind die Zeichen seiner Freude" (V. 2229 f.)
- Andererseits deuten manche Äußerungen Elisabeths darauf hin, dass sie ein Minderwertigkeitsgefühl hat, weil sie ihre Geschlechtsrolle nicht erfüllt, und dass sie die Frauen beneidet, die der „Ordnung der Natur" (V. 1173) entsprechen. So V. 1970: „wie beneid ich andre Weiber" oder V. 1982: „Hätt ich doch auch Ansprüche machen können". Von daher erklärt sich auch ihre Abwertung derjenigen, die in dieser Rolle Erfolg haben, also insbesondere Marias; z. B. „Und doch gewann sie aller Männer Gunst, / Weil sie sich nur befliss, ein Weib zu sein, / Und um sie buhlt die Jugend und das Alter. / So sind die Männer. Lüstlinge sind alle!" (V. 1985 ff.).
- Eindeutig von Kompensationsbedürfnis bestimmt ist die Begegnungsszene. In der Szene II,9, in der Elisabeth Leicester dazu bringt, sie zu dieser Begegnung zu überreden, zielt sie eindeutig sozusagen auf eine Schönheitskonkurrenz ab. „Und ist's denn wirklich wahr, dass sie so schön ist?" fragt Elisabeth (V. 1995); und Leicester malt ihr gehorsam eine solche Gegenüberstellung aus, bei der Maria „auch an Adel der Gestalt" besiegt würde (V. 2000 ff.). Und in der Begegnung selbst steuert Elisabeth gewissermaßen von Anfang an auf die Vernichtung von Marias Weiblichkeits-Rolle zu – mit der sie dann allerdings scheitert.
- Zu beachten ist bei allen Äußerungen Elisabeths über ihre Rolle als Frau, dass sie sich beständig verstellt und in Szene setzt. So beispielsweise in der Szene mit den französischen Gesandten, II,2, in der sie sich durch gespielte Bescheidenheit inszeniert; in II,9, wo sie Leicester veranlasst, sie zu ihrem eigenen Wunsch zu überreden; oder in der Begegnungsszene III,4, wo alles auf die Wirkung auf die anwesenden Lords, besonders aber auf ihren Liebhaber Leicester ausgerichtet ist.

V Maria

Vorliegende Szene: *Maria Stuart* III,5

Aufgabenstellung

1. Vergleichen Sie Marias Auftreten und Verhalten in der Szene III,5 und in anderen Szenen.
2. Interpretieren Sie die Unterschiede.

Lösungsvorschläge

1:

- Im I. Akt ist Marias Auftreten durchgehend von überlegener Würde bestimmt. „Edle Fassung" bescheinigt ihr Mortimer (I,6,563); und Maria selbst stellt fest. „Man kann uns niedrig / Behandeln, nicht erniedrigen" (I,2,155 f.). Gegenüber Paulet spricht sie mit fester Sachlichkeit, gelassen, aber ohne ihre Ansprüche zu verleugnen (I,2). Im Gespräch mit der Amme, I,4, bewahrt sie unnachgiebige Sachlichkeit auch gegenüber der eigenen (früheren, in ihre schottische Zeit gehörende) Schuld, so dass sie durch ihr Eingestehen und Bereuen der früheren Verfehlungen nicht belastet, sondern vielmehr moralisch gehoben wird. In der Auseinandersetzung mit Burleigh, I,7, argumentiert sie energisch und gewandt, aber objektiver und ehrlicher als der durch ihre Argumente mehrfach in die Enge getriebene Burleigh. – Ein wenig weicher erscheint Maria in der Szene I,6, als Mortimers Bericht über seinen Aufenthalt in Rom und Frankreich in ihr liebe Erinnerungen weckt. Im gesamten I. Akt ist Marias Auftreten von königlicher Würde.
- Im V. Akt ist Maria nicht nur die Gefasste, gefasster als alle ihre Diener (vgl. V. 3480 ff.); hier erscheint sie nahezu erhaben. Beichte und Absolution sollen symbolisieren, dass sie diese höchste Stufe des Verzichts auf alle sinnlichen Ansprüche erreicht hat (wenn auch mit immer wiederkehrenden Rückschlägen).
- Ganz anders Marias Auftreten im III. Akt, und zumal in der vorliegenden Szene III,5. Hier ist Maria äußerst emotional, wie schon am Ende der Begegnungsszene III,4. Aggressives Triumphieren beherrscht ihren Ausbruch; es erscheinen Worte wie „Rache" und „Triumph", Formulierungen wie „Sie trägt den Tod im Herzen" und „Das Messer stieß ich in der Feindin Brust". Die (moralische) Vernichtung der Feindin (auf Kosten des eigenen Lebens, wie Maria klar sein muss) verschafft ihr Genugtuung, ‚Wohl-Gefühl' (V. 2455). – Und: Ihr Triumph hat Leicester zum Zeugen gehabt: Sie hat ge-

siegt vor den Augen dessen, den sie liebt und der sie (angeblich) liebt; und umgekehrt: Elisabeth ist erniedrigt vor den Augen dessen, den sie für ihren Liebhaber hält. Verglichen mit dem I. oder gar mit dem V. Akt ist dies ein moralischer Tiefpunkt, ein Abstürzen in ein äußerstes Vorherrschen der sinnlichen Ansprüche auf Rache und Triumph.

- Starke Emotionalität Marias ist aber charakteristisch für den gesamten III. Akt – wobei die Emotionen freilich sehr verschiedener Art sind: Maria durchläuft geradezu ein Wechselbad der Gefühle.
  Am Anfang in III,1 steht das Glücks-Erlebnis der (scheinbaren) Freiheit, das Maria „in vollen, in durstigen Zügen" genießen möchte, das sie zu vier lyrischen Strophen begeistert und das sie gegen die sehr berechtigten Warnungen der Kennedy festhalten will.
  Als sie erfährt, dass keineswegs eine durch Leicester vermittelte Freilassung bevorsteht, sondern die von ihr erbetene Begegnung mit Elisabeth, ist das ein Absturz aus der schönsten Hoffnung in Bestürzung und Verwirrung – ein jäher Absturz, durch den plötzlich ihrer „Leiden brennendes Gefühl" sie überwältigt; sie spricht sogar von ‚blut'gem Hass', V. 2183 f. (III,2–3). Trotzdem bringt es Maria über sich, sich in der Begegnungsszene III,4 ‚zusammenzuraffen' (Bühnenanweisung nach V. 2241) und sich sogar vor der Gegnerin zu demütigen („Sie fällt vor ihr nieder", Bühnenanweisung nach V. 2252) und schließlich auf alle dynastischen Ansprüche zu verzichten (V. 2379). Wenn sie auch wegen Elisabeths kalter und strenger, steinerner Haltung „mit steigendem Affekt" spricht (Bühnenanweisung vor V. 2261), so bleibt der Streit doch bis etwa V. 2373 durchaus sachbezogen (so dass man beim weitaus größten Teil der Szene keineswegs von „streitenden Fischweibern" sprechen sollte).
  Erst als nach Marias politischem Verzicht Elisabeth nun auch im persönlichen Bereich als Siegerin dastehen möchte und die Gegnerin als Frau zu schmähen beginnt (V. 2403 ff.), braust diese auf, wenn auch zunächst noch „von Zorn glühend, doch mit einer edeln Würde" (Bühnenanweisung vor V. 2421). Dann allerdings, ab V. 2435 und erst recht in III,5, verliert sie „Mäßigung" und „lammherzige Gelassenheit".
  Wenn man die beiden Frauengestalten so interpretiert, dass Elisabeth die Frau in der Regentin vernachlässigt, Maria die Regentin in der Frau, dann bedeutet dieser Schlussteil der Auseinandersetzung: Elisabeth will sich nach dem politischen nun auch den persönlichen Sieg als Frau sichern; und auf diesem, ihrem eigensten Bereich ist Maria nicht bereit sich zu unterwerfen.

2:

- Es zeigt sich also, dass man die Unterschiede im Auftreten Marias psychologisch als situationsbedingt interpretieren kann.
- Es ist dabei aber auch zu beachten, dass Schiller Maria nicht als eindeutig und von Anfang des Stücks an erhaben darstellen will, sondern dass sie

auch im weiteren Verlauf noch ein gemischter Charakter mit sinnlichen und sittlichen Zügen sein soll.

- Es ist nicht einmal ganz sicher, wie man den V. Akt interpretieren soll. Die Entfaltung der königlichen Pracht, die festliche Kleidung Marias, die Freisprechung von allen Verfehlungen in der Absolutions-Szene – sind das Symbole dafür, dass Maria jetzt endgültig geläutert ist, von keiner „ird'schen Neigung mehr versucht" wird (V. 3829)?
- Die Betonung der (wenn auch jetzt erhabenen) Attraktivität könnte vielleicht eher andeuten, dass Maria eine Vereinigung von Sinnlichem und Idealem erreicht hat – ihre Formulierung „Der Erde Glanz auf meinem Weg zum Himmel" zum Beispiel scheint auf eine solche Synthese hinzuweisen (V. 3549).

VI Elisabeths Entscheidungsmonolog

Vorliegende Szene: *Maria Stuart* IV,10

Aufgabenstellung

1. Erläutern Sie Zusammenhang und Funktion der Szene IV,10.
2. Analysieren Sie den Aufbau des Monologs.
3. Nehmen Sie kritisch zu Elisabeths Gedanken Stellung.
4. Wie beurteilen Sie, von diesem Monolog ausgehend, Elisabeths Charakter und ihr Verhalten im gesamten Drama?

Lösungsvorschläge

1:

Nach dem versuchten Mordanschlag auf Elisabeth verlangt das durch die Sorge über die Rückkehr unruhiger Verhältnisse besorgte Volk die Unterzeichnung des Todesurteils gegen Maria. Da die Positionen von Shrewsbury (für Gerechtigkeit und emotionslos-ruhige Beschlussfassung) und die von Burleigh (für unbedingte und rücksichtslose Sicherheitsmaßnahmen) bei der Beratung IV,9 weiterhin so unversöhnlich gegeneinander stehen wie schon in der Staatsrats-Szene II,3, bekommt die Königin von ihren höchsten Räten keinen eindeutigen Rat, der ihre Entscheidung nach außen sanktionieren würde; sie muss selbst entscheiden. Statt sich mit „dem höhern Richter" zu beraten, wie sie mit frommer Heuchelei sagt (V. 3187), analysiert sie in dem Monolog IV,10 ihre Motive und ihre Situation vor sich selbst. Es ist eine der wenigen Szenen, in denen sie unverstellt-aufrichtig spricht.

2:

V. 3190–3199: Elisabeth bekennt sich offen dazu, dass ihr Ideal die uneingeschränkte Macht und Handlungsfreiheit wäre; sie würde sich eine absolutistische Monarchie ohne demokratische Kontrolle wünschen.
V. 3200–3211: Die Gerechtigkeit, die Elisabeths Herrschaft ausgezeichnet hat, war nur ein Rollenspiel, das durch die Situation, durch „die allgewaltige Notwendigkeit", bedingt war.
V. 3212–3227: Elisabeth analysiert ihre politische Lage: Die „Volksgunst" ist ihre einzige Stütze; denn sie ist ringsum von Feinden bedroht, vom Papst und den katholischen „Mächten". Hinzu kommt der „Flecken" ihrer „fürstlichen Geburt": Wenn man, wie es die Gegenseite tut, Elisabeth als uneheliches Kind Heinrichs VIII. ansieht, dann hat Maria einen legitimen Anspruch auf den englischen Thron.

V. 3228–3248: Die Erinnerung an „diese Stuart" führt zum Entschluss, das Todesurteil zu unterschreiben: Elisabeth hat das Gefühl, dass ihr Maria überall im Weg gestanden hat, ihr den Geliebten (Leicester) und jetzt durch den Mordanschlag auch den französischen Bräutigam entrissen hat. Ihr Hass auf Maria konkretisiert sich in der Erinnerung an die Begegnungsszene und besonders an Marias menschlich und politisch tief verletzenden Vorwurf, Elisabeth sei ein „Bastard" (V. 2447).

3:

- Dass Elisabeth sich so offen zur Machtgier bekennt, hätte man nicht erwartet; man hätte ihre Gerechtigkeitsliebe höher eingeschätzt.
- Dass die „allgewaltige Notwendigkeit" eine freie Entscheidung unmöglich macht, ist eins der Themen des Dramas. Erstaunlich ist, dass die Notwendigkeit hier Antrieb zum Guten ist; gewöhnlich wirkt sie umgekehrt: Burleigh etwa würde vermutlich Gerechtigkeit üben, sofern ihn nicht die politische Notwendigkeit zwänge, Unrecht zu tun. – Für Elisabeth ist also der Antrieb zum Guten nur eine Rolle.
- Die Darstellung der politischen Bedrängnisse, denen Elisabeth ausgesetzt ist, ist richtig und sachlich, auch noch der Hinweis auf die zweifelhafte Legitimität wegen des Makels ihrer Geburt. Doch bei dem Stichwort „diese Stuart", das in diesem objektiven Zusammenhang auftaucht, gleitet sie ab ins Private: Maria ist ‚die Furie ihres Lebens' (V. 3230), die ihr das Lebensglück raubt; und besonders den Schluss der Begegnung in III,4 kann sie ihr nicht verzeihen.
- Am Schluss bleibt offen, ob Elisabeth sich der Notwendigkeit beugt, wenn sie das Todesurteil unterschreibt, oder ob sie nicht vielmehr private Rache übt.

4:

- Elisabeth hat unterschrieben, aber sie hat keineswegs Sicherheit gewonnen: Sie „tritt mit einem Ausdruck des Schreckens zurück", um in der folgenden Szene in grausamem Spiel die Verantwortung auf Davison abzuschieben.
- Diese Unsicherheit ist ein Grundzug von Elisabeths Wesen. Sie vermeidet es, Entscheidungen zu treffen und selbst zu verantworten. Zu dem Treffen mit Maria (das sie ja wünscht) lässt sie sich, sozusagen schweren Herzens, von Leicester überreden (II,9).
- Auf dieser Unsicherheit beruht ihr Hang zu Heuchelei und andererseits dazu, sich in Szene zu setzen: Selbstinszenierung beispielsweise in Äußerungen wie am Anfang von III,4: „Mein gutes Volk liebt mich zu sehr" (V. 2229); ein besonders krasser Fall von Heuchelei, in diesem Fall aus Feigheit, ihre Reaktion, als Shrewsbury neue Hinweise auf Marias Unschuld bringt: „Gut, dass es noch Zeit ist" (V. 3957), nachdem sie vorher in V,12 über den (nun sicheren) Tod des Gegners triumphiert hat.

- Typisch für Elisabeth ist auch die persönliche Unsicherheit, die sich zum Beispiel in Eifersucht manifestiert. Es ist bezeichnend, dass dieser Monolog genauso wie das Treffen III,4 von Sachlichkeit zu Persönlichem übergeht.

VII Die Struktur des Dramas

Vorliegende Szenen: *Maria Stuart* I,1–2 und II,1–2

Aufgabenstellung

1. Vergleichen Sie die Eingangsszenen der Akte I und II hinsichtlich ihrer Bedeutung für die Exposition.
2. Vergleichen Sie diese Szenen mit den beiden Teilen des V. Aktes.
3. Beschreiben Sie, ausgehend von Ihren Ergebnissen, die Struktur des Dramas.

Lösungsvorschläge

1:

- Eingeführt werden die beiden Gegenspielerinnen: im I. Akt Maria, im II. Akt Elisabeth. Der Gegensatz zwischen der Gefangenen und der regierenden Königin wird durch den scharfen Kontrast von Umgebung und Szenerie anschaulich: hier, in Fotheringhay, ein Gefängnisraum, dort der Palast zu Westminster; hier äußerste Schlichtheit der aller Kostbarkeiten beraubten Maria, dort Prachtentfaltung (auf die Elisabeths Kokettieren mit der Bescheidenheit des englischen Hofs im Vergleich zum französischen noch ausdrücklich hinweist); hier Konfrontation mit dem Bewacher, dem Feind, dort friedliches Miteinander Befreundeter (in das sich dann allerdings doch Misstöne einschleichen).
- Die antithetischen Akt-Anfänge weisen aber auch Parallelitäten auf: In beiden Akten erscheint die Heldin erst in der zweiten Szene; in der ersten Szene werden im Gespräch von Nebenpersonen Stimmung und Thematik der folgenden Szene vorbereitet. Und: Beide Doppelszenen weisen auf ein wichtiges kommendes Ereignis voraus: hier auf die Ankündigung des Gerichtsurteils über Maria, das ihren Tod bedeutet; dort auf die geplante Heirat Elisabeths mit dem französischen Thronfolger, die ihre politische Lage endgültig sichern soll.
- Der Anfang des II. Aktes führt darüber hinaus Motive ein, die für die Position und die Haltung Elisabeths wichtig sind: einerseits das Engagement Frankreichs für eine Begnadigung Marias; andererseits die Furcht des englischen Volkes vor einer Rückkehr des Katholizismus. Und es ist hier auch schon Elisabeths persönliches Problem erkennbar, dass sie als Frau nicht als vollgültiger Regent angesehen wird.

2:

- Die beiden Teile des V. Aktes zeigen – in der Anordnung parallel, im Inhalt antithetisch zum Anfang – das Ergebnis des Geschehens für die beiden Heldinnen. Wieder gehen die Maria-Szenen voran, die Elisabeth-Szenen folgen, wobei allerdings Maria hier den weitaus größeren Anteil hat.
  Maria ist wieder in ihrem Gefängnis, in ihrer Todesstunde in königlicher Pracht, umgeben von ihren treuen Dienerinnen und Dienern; ruhig, gefasst und aufrichtig geht sie ihrem Tod entgegen. Die Beichtszene bestätigt ihre Reue über die persönliche Schuld und ihre Unschuld an dem Mordanschlag auf Elisabeth, den man als Grund für das Todesurteil anführt. Am Ende steht zwar Marias Tod, die physische Vernichtung, aber auch ihre moralische Bewährung und Verklärung.
  Elisabeth ist hier auf ein Zimmer beschränkt (freilich ein königliches). Die Szenen V,11–12 zeigen sie ‚in heftigster Unruhe' (vgl. Bühnenanweisung zu Beginn von V,11), „in der höchsten Bewegung" (Bühnenanweisung vor V. 3895). Shrewsburys Bericht über sein erneutes Verhör des Schreibers Kurl erweist die Unschuld und damit die Ungerechtigkeit des von Elisabeth gewünschten Urteils; V,13 ist also ein Gegenstück zu der Beichtszene im Maria-Teil. Elisabeths Heuchelei in ihrem Verfahren mit dem Sekretär Davison (und auch schon am Schluss von V,12 und von V,13) ist das radikale Gegenbild zu Marias Aufrichtigkeit. Der redliche Shrewsbury verurteilt Elisabeth moralisch, während der Zusammenbruch des fragwürdigen Leicester in V,10 Marias moralischen Sieg bestätigt. Am Ende steht die moralische Vernichtung Elisabeths: Sie bleibt vereinsamt zurück, von Shrewsbury verworfen, von ihrem Liebhaber verlassen und gezwungen, um den Schein zu retten, ihren treuesten Gehilfen zu verbannen.
- Die beiden Teile des V. Aktes sind deutlich antithetisch angelegt. Sie sind natürlich auch Gegenstücke zum I. bzw. II. Akt: Maria dort ‚nicht erniedrigt, aber doch niedrig behandelt', in Ungewissheit über ihr Schicksal; hier auf ihrem „Weg zum Himmel" (V. 3549) in gewissermaßen überirdischem Glanz. Und andererseits Elisabeth dort in Glanz und Selbstgewissheit, hier von den Freunden verlassen, zusammengebrochen, auch wenn sie äußerlich ruhige Fassung bewahrt.

3:

- Die Gegenüberstellung der beiden Königinnen bestimmt den strengen Bau des Dramas insgesamt. Akt I und V gehören Maria, Akt II und IV Elisabeth; die Maria-Akte spielen in Fotheringhay, die Elisabeth-Akte in Westminster. Der V. Akt musste einen kürzeren Elisabeth-Teil erhalten, um das Ergebnis des Geschehens für beide Seiten darzustellen. Die eigentliche Konfrontation der Gegnerinnen bringt in der Mitte des Dramas der III. Akt. Die Szenerie ist hier gewissermaßen etwas Vermittelndes zwischen Gefängnis und Schloss: ein Park, der mit seiner ‚weiten Aussicht' genauso wie die Begegnung eine trügerische Hoffnung erweckt. Die Begegnung steht ungefähr in der Mitte des Aktes, in der vierten von acht Szenen; man könnte auch die Begegnung mit der Gegnerin III,4 und die Begegnung mit dem rasenden potenziellen Retter III,6 als Doppelachse ansehen.

- In die Elisabeth-Akte gehören die Beratungen Elisabeths mit ihren Räten: mit allen dreien in der Staatsrats-Szene II,3, im IV. Akt aufgeteilt: Elisabeth mit Burleigh und Leicester in IV,6; mit Burleigh und Shrewsbury in IV,9. – In beiden Elisabeth-Akten gibt es eine Begegnung zwischen Mortimer und Leicester, II,8 und IV,4.
- *Maria Stuart* gilt mit Recht als Muster eines klassisch gebauten Dramas, eines „Dramas der geschlossenen Form“ (mit dem Ausdruck von Klotz). Die geschlossene Form zeigt sich auch in der nicht völligen, aber weitgehenden Beachtung der Regel von den drei Einheiten: Die Handlung zielt von zwei Seiten strikt auf dasselbe Ziel; statt der Einheit des Ortes gibt es hier die der Handlung angepasste Aufteilung auf zwei (bzw. drei) Orte. Die Zeit ist immerhin auf nur drei Tage beschränkt.

VIII Metrik und Sprache

Vorliegende Szene: *Maria Stuart* III,1

Aufgabenstellung

1. Interpretieren Sie den Gehalt und die metrische und sprachliche Gestaltung der Szene III,1.
2. Zeigen Sie an einem anderen, von Ihnen gewählten Beispiel, wann und weshalb Schiller von der regulären Blankvers-Form abweicht.

Lösungsvorschläge

1:

- Maria darf überraschend aus ihrem Gefängnisraum hinaus ins Freie, in den Park von Fotheringhay. Das ist die Vorbereitung der Begegnung mit Elisabeth, die nach Leicesters Plan als Zufall arrangiert werden soll (II,9, V. 2057 ff.). Davon ahnt Maria jedoch nichts; sie glaubt vielmehr, dass Leicester sich auf ihr Bitten hin bei Elisabeth mit Erfolg für die Lockerung der Haftbedingungen eingesetzt hat (V. 2119 ff.). Groß ist deshalb der Jubel der für lange Zeit Inhaftierten, „dem finstern Gefängnis entstiegen" zu sein und die Natur, „die freie, die himmlische Luft" genießen zu dürfen; und natürlich beseligt sie die Hoffnung auf endgültige Freilassung und die Freude, darin „der Liebe tät'ge Hand", nämlich Leicesters, zu erkennen (V. 2123).
- Der Beschwingtheit Marias steht von Anfang an die realistische Nüchternheit der Amme gegenüber, die an eine solche Großzügigkeit Elisabeths nicht glauben mag. Die Amme beginnt sogar die Szene mit dem Versuch, Marias Überschwang zu mäßigen; gegen ihre Mahnungen muss sich Maria zur Wehr setzen: „Lass mich [...]", V. 2075 und anaphorisch 2076. Allerdings weiß sie im Innersten, dass es sich um einen „süßen Wahn" (V. 2090) handelt; sie setzt der geahnten Realität den Willen entgegen, an diesem Traum festzuhalten: „Ich will [...]" (V. 2089). Doch obwohl sie sich „frei und fessellos" fühlt, ist sie sich bewusst, dass sie durch ‚ungemessne Räume' von ihren Freunden getrennt ist: Schottland liegt weit hinter ‚grauen Nebelbergen', Frankreich in der Ferne, in die die Wolken „jagen" (V. 2092 ff.).
- Mit dem Anruf der Wolken, „Segler der Lüfte" (V. 2098), beginnt eine Reihe von irrealen Wünschen und Vorstellungen: Maria möchte frei wie die Wolken sein oder wenigstens durch die Wolken ihrer Heimat Grüße ausrichten (V. 2098 ff.) – Sie möchte von dem in der Ferne sichtbaren Fischer in die Heimat gerettet werden (V. 2107 ff.) – Sie möchte noch einmal den „fröhlichen Zug" der „tobende[n] Jagd" erleben (V. 2134 ff).

- Die Amme tritt ihr jedes Mal mit nüchternen Mahnungen entgegen: „Ihr seid außer Euch" (V. 2105), „Verlorne Wünsche!" (V. 2115); die scheinbare Befreiung ist vielleicht nur eine Ankündigung der Hinrichtung (nach Art einer Henkersmahlzeit) (V. 2129 ff.). Der Traum von der fröhlichen Jagd wird von der rauen Wirklichkeit zerstört: Was Maria hört, ist das Jagdgefolge Elisabeths; und die Ankündigung einer Begegnung mit der Königin in diesem Augenblick und unter diesen Umständen versetzt Maria in größte Bestürzung (II,3, Bühnenanweisung zu V. 2153, V. 2156).
- Die Beschwingtheit Marias manifestiert sich in der Form. Maria hat hier vier lyrische Strophen, sozusagen Gesangsstrophen (V. 2075–2082, V. 2198–2104, V. 2107–2114, V. 2134–2142). Statt regulärer ungereimter fünfhebiger jambischer Blankverse bestehen diese (ungleich langen) lyrischen Strophen aus gereimten Vierhebern, deren daktylischer Grundrhythmus den „leichten, geflügelten Schritt" (V. 2078) gewissermaßen hörbar macht. Dem lebhaften Rhythmus korrespondiert die Vielfalt der farbigen Bilder und Vorstellungen (am eindrücklichsten wohl das Bild der ‚eilenden Wolken', V. 2098).
- Die Amme, die ihre „Lady" in die Realität zurückzurufen versucht, spricht in regulären, sozusagen prosaischen Blankversen, die mit der daktylischen Beschwingtheit Marias stark kontrastieren.
- Ein erstes Mal versucht Maria sich in den Versen 2087–2097 zu fassen und in Blankversen zu sprechen. Doch sie reagiert nicht auf die Mahnungen der Amme, sondern bleibt bei ihren Träumen von Glück und Freiheit. Und deshalb gelingen ihr sozusagen die Blankverse auch nicht: Die Passage ist durchgehend gereimt, und drei Verse sind verkürzt (V. 2089, 2092, 2095).
- In einem zweiten Anlauf, V. 2119–2128, setzt Maria der Amme eine These entgegen, die begründet sein könnte: Sie glaubt, dass der mächtige Leicester ihr die Freiheit verschaffen will und kann. Und in dieser Passage gelingen ihr auch ‚korrekte' Blankverse.
- Die Szene baut mit ihrem lyrischen Aufschwung und ihren (wenn auch irrealen) Vorstellungen von einem freien Leben eine Stimmung auf, der gegenüber die folgenden Szenen einen ungeheuren Abfall bringen, der Marias abwehrende Reaktion verständlich macht.

2:

Blankverse sind fünfhebige jambische Verse ohne Reim. Bei Verkürzungen des Verses ist gelegentlich ein Ausdruckswert zu erkennen; so wenn Mortimer beim Anblick Roms überwältigt verstummt: „Wie ward mir, Königin!" (I,6,425)

Reimbindung dagegen hat wohl immer einen Ausdruckswert; man wird sie in stark emotionalen Szenen oder auch kleineren Passagen finden.

Mögliche Beispiele zur Auswahl

II,6: Mortimers Monolog

Solange Mortimer in Gedanken mit Elisabeth abrechnet, spricht er nüchtern in reimlosen Versen (V. 1632–1644); beim Gedanken an Maria, sein Ideal, gerät er ins Schwärmen und spricht in Reimen (V. 1645–1656). Dann denkt er an Leicester – widerwillig und ohne Reime (V. 1657–1659); doch am Schluss, als er sich als alleinigen Retter Marias sieht, steht noch einmal ein Reimpaar. (Solche prononcierten Reimpaare am Szenenschluss sind freilich schon seit Shakespeare bekannt.)

III,6: Mortimer – Maria

Mortimer schwärmt von Marias königlicher Haltung in der Begegnungsszene; er verwirft Leicester wegen dessen Feigheit; er verweist auf die akute Gefahr für Maria und berichtet von seinem radikalen Plan einer gewaltsamen Befreiung. Auf Marias Warnung und Mahnung reagiert er mit dem Bekenntnis, um ihretwillen zu allem bereit zu sein; er gerät immer mehr in Ekstase und endet mit einer gewalttätigen, für Maria aufs Äußerste demütigenden Liebeserklärung.

In die regulären Verse dieser Szene dringen in den Partien entsprechend den wechselnden Stimmungen und Themen immer wieder Reime ein. So zuerst, als der Gedanke an Leicester bei Mortimer ein heftiges Gefühl der Ablehnung erweckt, V. 2487–2489, V. 2491–2492. (V. 2486 macht Mortimer Marias letzte Äußerung nachträglich zu einem Reimpaar, versucht sie in seine Stimmung hineinzuziehen; V. 2492 duldet Mortimers Erklärung, er sei der einzige Retter, keine weitere fünfte Hebung mehr.) Nach vereinzelten Reimpaaren (V. 2525 f., 2527 f., 2532 f.), immer an besonders emotionalen Stellen, erscheinen ab V. 2545 zunehmend und endgültig ab V. 2567 Reime: Mortimers sich immer mehr in Raserei steigernde Leidenschaft fordert die Reimbindung. Zweimal wird auch Maria in entsetzter Abwehr in die Reimbindung hineingezogen: V. 2549–2553, V. 2994–2997.

V,7: die Beichtszene

Die eigentliche Beichte, ab V. 3668, beginnt regulär; doch ab V. 3686 geht Maria zu gereimten Blankversen über. Die wesentlichen Aussagen dieser Szene werden dadurch besonders hervorgehoben, dass Maria sich zu ihren blutigen Taten in Schottland bekennt und dass sie sich diese nicht vergeben kann, obwohl sie abgebüßt und von der Kirche vergeben sind; und dass sie andererseits an den Anschlägen auf Elisabeth unschuldig ist.

V,10: Leicesters Monolog bei der Hinrichtung Marias

Nach der letzten Begegnung mit Maria kommt Leicester zum Bewusstsein, was er getan und was er verloren hat: Das sind reguläre Verse, V. 3839–3846. In einem Gefühlschaos versucht er sich dazu durchzuringen, wenigstens „den Preis der Schandtat“ nicht zu verlieren, sieht aber, dass er „das Schreckliche nicht schauen“ kann: Dies Gefühlschaos äußert sich in gereimten Versen, V. 3847–3862. Der sehr expressive Schluss der Szene, in der Leicester zum entsetzten Zuhörer der Hinrichtung wird, bis er zuletzt „mit einer zuckenden Bewegung“ (als ob er selbst enthauptet würde) zusammenbricht, bleibt reimlos: Angesichts des Schrecklichen findet Leicester sozusagen keine Reime mehr, ihm versagt die Sprache.

Stichwortverzeichnis

Q

R

S

T

V

W

Z

Unsere Titel auf einen Blick:

Alfred Andersch
Sansibar o.d.letzte Grund
ISBN 978-3-12-923091-6

Bertolt Brecht
Der gute Mensch von Sezuan
ISBN 978-3-12-923081-7
Leben des Galilei
ISBN 978-3-12-923066-4

Georg Büchner
Dantons Tod
ISBN 978-3-12-923073-2
Lenz
ISBN 978-3-12-923089-3
Woyzeck
ISBN 978-3-12-923005-3

Droste-Hülshoff
Die Judenbuche
ISBN 978-3-12-923098-5

Friedrich Dürrenmatt
Die Physiker
ISBN 978-3-12-923079-4
Der Besuch der alten Dame
ISBN 978-3-12-923054-1
Der Richter und sein Henker
ISBN 978-3-12-923093-0

Theodor Fontane
Effi Briest
ISBN 978-3-12-923029-9

Max Frisch
Andorra
ISBN 978-3-12-923075-6
Biedermann und die Brandstifter
ISBN 978-3-12-923094-7
Homo faber
ISBN 978-3-12-923061-9

Johann Wolfgang von Goethe
Faust – Erster Teil
ISBN 978-3-12-923063-3
Iphigenie auf Tauris
ISBN 978-3-12-923062-6
Die Leiden des jungen Werther
ISBN 978-3-12-923006-0

Gerhart Hauptmann
Die Ratten
ISBN 978-3-12-923049-7

Wolfgang Herrndorf
Tschick
ISBN 978-3-12-923102-9

Hermann Hesse
Unterm Rad
ISBN 978-3-12-923092-3

E.T.A. Hoffmann
Der Sandmann
ISBN 978-3-12-923071-8
Das Fräulein von Scuderi
ISBN 978-3-12-923104-3

Franz Kafka
Der Proceß
ISBN 978-3-12-923086-2
Die Verwandlung
ISBN 978-3-12-923077-0

Heinrich von Kleist
Marquise von O./ Erdbeben in Chili
ISBN 978-3-12-923055-8
Michael Kohlhaas
ISBN 978-3-12-923024-4
Prinz Friedrich von Homburg
ISBN 978-3-12-923056-5

Wolfgang Koeppen
Tauben im Gras
ISBN 978-3-12-923051-0

J.M.R. Lenz
Der Hofmeister/ Die Soldaten
ISBN 978-3-12-923085-5

Gotthold Ephraim Lessing
Emilia Galotti
ISBN 978-3-12-923074-9
Nathan der Weise
ISBN 978-3-12-923068-8

Liebeslyrik
ISBN 978-3-12-923031-2

Lyrik des Expressionismus
ISBN 978-3-12-923097-8

Lyrik der Nachkriegszeit 1945 – 1960
ISBN 978-3-12-923013-8

Thomas Mann
Buddenbrooks
ISBN 978-3-12-923058-9
Mario und der Zauberer / Tonio Kröger
ISBN 978-3-12-923059-6
Der Tod in Venedig
ISBN 978-3-12-923095-4

Naturlyrik
ISBN 978-3-12-923088-6

Neue Sachlichkeit
ISBN 978-3-12-923052-7

Erich Maria Remarque
Im Westen nichts Neues
ISBN 978-3-12-923087-9

Joseph Roth
Hiob
ISBN 978-3-12-923076-3

Friedrich Schiller
Don Karlos
ISBN 978-3-12-923044-2
Kabale und Liebe
ISBN 978-3-12-923065-7
Maria Stuart
ISBN 978-3-12-923078-7
Die Räuber
ISBN 978-3-12-923026-8

Bernhard Schlink
Der Vorleser
ISBN 978-3-12-923070-1

Peter Stamm
Agnes
ISBN 978-3-12-923072-5

Patrick Süskind
Das Parfum
ISBN 978-3-12-923064-0